ご縁がつながり運がひらける

日本の神さま大全

スピリチュアル・コンサルタント
吉岡純子

フォレスト出版

はじめに

神さまはあなたの願いを叶《かな》えたい!

あなたは、日本の神さまや神社は好きですか?

特に好きではなくても、年に一度は神社参拝に出かけたり、「日本」に縁がある方なら、生まれてから一度は神社を訪れたことがあるのではないでしょうか。

私には、生まれつき、神さまをはじめとしたスピリチュアルな存在が「視《み》える」「聞こえる」「話せる」能力があり、

現在は、スピリチュアル・コンサルタントとして、
恋愛やお金、お仕事などの縁結びをさせていただいています。

また、深くご縁をいただいている神さまが、
この本でもご紹介しているコノハナサクヤビメと
イチキシマヒメという日本の女神さまということもあり、
日本全国の神社を回らせていただいています。

神社に行くと、そこに確かに神さまの存在を感じ、
その時必要なメッセージをいただくこともあります。

人々の純粋な信仰心に心を打たれたり、
それに応えようとする、神さまたちに涙が出ることもあります。

神さまにとって、私たちは、

かわいくてしょうがない子どものような存在なんです。
みなさんが神社に来てくれたら、
田舎のおじいちゃんやおばあちゃんのように喜んでくれるのが神さまです。

しかし、日本全国の神社を訪れているうちに、
コンビニよりも多いと言われる神社が、
年々、減少の一途をたどっていることがわかりました。

近年大きな自然災害が相次いでいますが、
被災してなくなってしまったり、
後継者問題や経営困難により、
存続出来なくなってしまったり……。

神社、すなわち「神さまの居場所」が減少してるんですよーー!!

下の図を見てください。
文化庁が発表している調査結果です。
すごい勢いで減っていますよね……。

私たちは現代を生きていると、
先人たちが培ってきた、日本の伝統芸能や
文化、技術が、知らず知らずのうちに忘れ
去られている「今」に気付けない。

それと同じで、日頃私たちを護《まも》ってくれて
いる神さまたちも、忘れ去られやすい存在
になってしまっています。

だからね、「今」、日本の神さまたちは

神道系宗教法人数と信者数（文化庁 宗教統計調査）

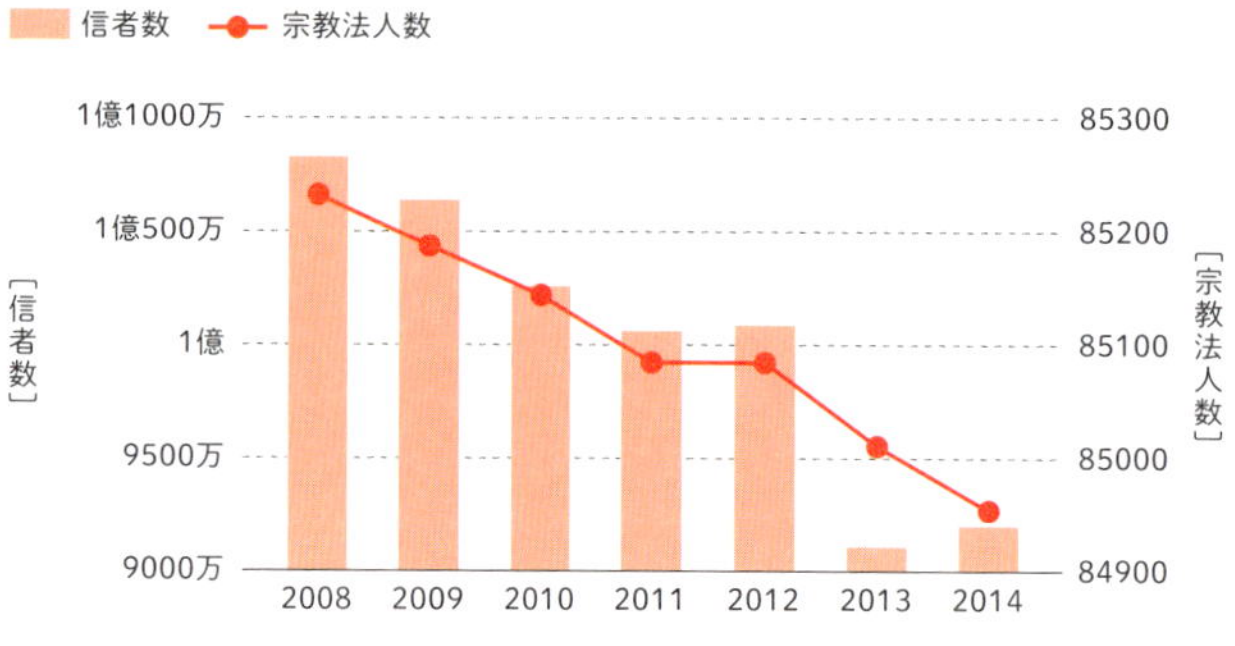

自分たちを想いだしてくれたり、慕ってくれたり、
覚えていてくれる人を探してるんです。

実は、私自身、
ずっと神さまたちの存在を無視して生きてきました。

子どもの頃から、人と違うこの能力があることが
つらくてつらくて仕方なかったんです。

また、幼少期に性的暴力を受けた経験があり、
それ以来、うつ病や摂食障害で入退院を繰り返したり、
なかなかハードな人生を送ってきました。

大人になってからも、交通事故で45メートルも引きずられたり、
ハードワークがたたって心臓病になったり……。

だから、
「なんでこんなに不幸な人生なの⁉
神さまなんていない！　信じない！」
と思っていた時期もあったんです。

でも、「こんな不幸な人生はもういやだ！」と心底思ったこと、
不思議な臨死体験をしたことがきっかけになって、
心理学や医学、量子力学、スピリチュアルなどの学びを深めていきました。

そして、自分が持って生まれたこの能力を認め、
人々のために使っていこうと決めたのです。

今ではすっかり神さまへの反抗期を過ぎて、
私自身が体験してきた心身の傷から学んだ事や

生まれつき「視える」「聞こえる」「話せる」体質を活かしながら、
カウンセリングやコーチング、コンサルティングを行っています。

おかげさまで私自身もクライアントの方々も、
大きな結果が出ていて、物心ともに豊かに、幸せになっています。

やっぱり、神さまを信じて生きていくと、
こんなにも人生って変わるんだな、と思うのです。

だって神さまは、私たちに幸せになってもらいたいだけなんだから。

神さまを否定していた時期もある一方で、
今はこんなにも神さまが大好きな私自身が、
人生をかけて、神さまたちの想いを証明していると思います。

神さまの願いを叶えることで、私たちの願いも叶う

いわゆる成功者と呼ばれる人たち（著名人、大手企業幹部、経営者、スポーツ選手など）ほど、信仰心が篤《あつ》く、神社に足繁く通ったり、寄付金や奉納金を納めている現状があります。

その方々の今日の成功は、果たして〝たまたま〟でしょうか？

神さまたちが、なぜ成功者を手厚くサポートするのか……。

それは、神さまたちの存在を信じ、感じながら、神さまたちのいる場所（神社）へ、純粋な気持ちでご挨拶《あいさつ》に行っているから、神さまたちは嬉《うれ》しくて、つい「ご贔屓《ひいき》」をしてしまう……。

そんな現象が起きているように私は感じてなりません。

この本は、日本の神さまたちの
「みんなに神社に来てほしい」という〝願い〟を叶えることで、
あなたの〝願い〟が叶えられるように作りました。

忘れ去られていく「神さま」や「神社」に、
ひとりでも多くの方が関心を持ってくれて、
気が向いたときには近隣や遠方を問わず、
神社参拝へ訪れてもらえますように……。

そして、あなたが神さまから格別のご贔屓を受けられますように……。

スピリチュアル・コンサルタント　吉岡 純子

ご縁がつながり運がひらける 日本の神さま大全　目次

ヌナカワヒメ（安産、子宝）……032
スセリビメ（夫婦円満、良縁結び）……034
持統天皇《じとうてんのう》（夫婦円満、病気平癒）……036
スサノオ（良縁結び、病気平癒）……038
オオクニヌシ（良縁結び、産業開発）……040

お金

イチキシマヒメ（財運、芸能上達、子宝）……042
トヨウケビメ（農業守護、漁業守護、産業復興）……044
ハニヤマヒメ（田畑守護、陶磁器守護、安産）……046
ミヅハノメ（商売繁盛、祈雨、止雨）……048
タクハタチヂヒメ（織物業守護、安産）……050
ヒルコ（商売繁盛、漁業守護）……052
アメノトコタチ（産業開発、必勝祈願）……054
オオヤマツミ（山林守護、農業守護、航海守護）……056
イワツツノオ（殖産興業、厄難消除、火難消除、学問芸術）……058
シオツチノオジ（製塩業守護、延命長寿）……060
ククノチ（山林守護、厄難消除）……062
カナヤマビコ（金属加工業守護、金運）……064

健康

イザナミ（延命長寿、事業成功、産業繁栄）……066
ナキサワメ（延命長寿、新生児守護、祈雨）……068
イワナガヒメ（延命長寿、良縁結び、縁切り）……070
イザナギ（延命長寿、子孫繁栄、夫婦円満）……072
スクナビコナ（病気平癒、産業開発）……074

スキル向上

アメノウズメ（芸能上達、武芸守護）……076

ヤマトヒメ（知恵明瞭《めいりょう》、国家安穏）……078
アメノコヤネ（学業成就、国家安穏、開運厄除）……080
タケミナカタ（武芸守護、盛業繁栄）……082
タケミカヅチ（武芸守護、厄難消除）……084
菅原道真《すがわらのみちざね》（学業成就）……086

開運

アマテラス（万能の神、国家安穏、子孫繁栄）……088
セオリツヒメ
（罪穢《けが》れの祓《はら》い、水難防止、良縁結び）……090
オトタチバナヒメ（出世開運、海上安全）……092
ヒミコ（出世開運）……094
造化三神《ぞうかさんしん》（心願成就、延命長寿）……096
クニノトコタチ（開運招福、国家安穏）……098
ニギハヤヒ（心願成就、病気平癒）……100
ツクヨミ（心願成就、海上安全、家内安全）……102
シナツヒコ（運気上昇、五穀豊穣《ほうじょう》）……104
コトシロヌシ（福徳、円満、商売繁盛）……106
ヒトコトヌシ（心願成就、厄難消除）……108
ヤマトタケル（出世開運、開運招福、国家安穏）……110
十二天将《じゅうにてんしょう》（運気上昇、厄難消除）……112

その他

安倍晴明《あべのせいめい》（魔除《まよ》け、厄難消除）……114
タキリビメ（海上安全、航海守護）……116
タギツヒメ（海上安全、交通安全）……118
サルタヒコ（交通安全、良縁結び）……120
住吉三神《すみよしさんじん》（海上安全、漁業、造船、貿易、和歌）……122
ワタツミ（海上安全、漁業守護）……124
徳川家康《とくがわいえやす》（国家安穏、病気平癒）……126

第3章 眷属《けんぞく》もあなたの味方 155

第1章

神さま

からのメッセージ

この章では、日本の神さまの名前、あらまし、ご利益、関連する神社などを紹介していくよ。日本の神さまは、名前が長かったり、似た名前が多かったりするので、すごく覚えにくいんだけど（自分たちのことを覚えてほしいのにね（笑））、それぞれの神さまのエネルギーやキャラクターをもとに、かわいいイラストにしてみたよ。色々工夫してあるので、まずは次ページからのレクチャーを読んでみてね。

この章の使い方

　こんにちは！　ニニギです。前ページの章扉のイケメンが僕です。祖母であるアマテラスの命により、葦原中国《あしはらのなかつくに》を統治するため、高天《たかまの》原《はら》から地上に降りた神です。この本では、僕が日本の神さまや龍神、眷属《けんぞく》を紹介していきます。

　神さまは、〝ご利益別〟になっています。得たいご利益のページから、神さまを選ぶことができます。

　また、神さまたちから、〝メッセージ〟もいただいています。パッと開いたページにあるメッセージは今のあなたに必要な神さまからの言葉です。パッと開かなくても、何か気になるな、というメッセージは、ぜひ気に留めてみてください。なお、メッセージの内容とご利益はまた別だと考えてくださいね。

ご利益別神さま一覧

※子宝、安産も子どもとの縁ということで、縁結びと解釈しています。実際、子宝や安産が得意な神さまは、縁結びもお得意です。

縁結び……022

コノハナサクヤビメ（安産）
ククリヒメ（良縁結び）
タマヨリビメ（安産）
トヨタマヒメ（安産）
アマノタナバタヒメ（恋愛成就）
ヌナカワヒメ（安産）
スセリビメ（夫婦円満）
持統天皇《じとうてんのう》（夫婦円満）
スサノオ（良縁結び）
オオクニヌシ（良縁結び）

お金……042

イチキシマヒメ（財運）
トヨウケビメ（農業守護、漁業守護）
ハニヤマヒメ（田畑守護）
ミヅハノメ（商売繁盛）
タクハタチヂヒメ（織物業守護）
ヒルコ（商売繁盛）
アメノトコタチ（産業開発）
オオヤマツミ（山林守護）
イワツツノオ（殖産興業）

健康……066

シオツチノオジ（製塩業発展）
ククノチ（山林守護）
カナヤマビコ（金属加工業守護）
イザナミ（延命長寿）
ナキサワメ（延命長寿）
イワナガヒメ（延命長寿）
イザナギ（延命長寿）
スクナビコナ（病気平癒）

スキル向上……076

アメノウズメ（芸能上達）
ヤマトヒメ（知恵明瞭）
アメノコヤネ（学業成就）
タケミナカタ（武芸守護）
タケミカヅチ（武芸守護）
菅原道真《すがわらのみちざね》（学業成就）

開運……088

アマテラス（万能の神）
セオリツヒメ（罪穢《けが》れの祓《はら》い）

その他……114

オトタチバナヒメ（出世開運）
ヒミコ（出世開運）
造化三神《ぞうかさんしん》（心願成就）
クニノトコタチ（開運招福）
ニギハヤヒ（心願成就）
ツクヨミ（心願成就）
シナツヒコ（運気上昇）
コトシロヌシ（福徳）
ヒトコトヌシ（心願成就）
ヤマトタケル（出世開運）
十二天将《じゅうにてんしょう》（運気上昇）
安倍晴明《あべのせいめい》（魔除け）
タキリビメ（海上安全）
タギツヒメ（海上安全）
サルタヒコ（交通安全）
住吉三神《すみよしさんじん》（海上安全）
ワタツミ（海上安全）
徳川家康《とくがわいえやす》（国家安穏）
イワツチビコ＆オオトヒワケ（建物守護）
シラヒワケ＆トヨヒワケ（国家安穏）

コノハナサクヤビメ

（木花之佐久夜毘売、木花開耶姫）

「喜んでください。
あなた自身が認められ、
花開く時よ。」

ご利益	
	安産
	火難消除
	酒造

関連神社	
	静岡県富士宮市 富士山本宮浅間大社《ふじさんほんぐうせんげん》
	日本全国約 1300 社ある浅間神社

いつもあなたを守護してくれている女神だよ。

〝木の花（＝桜）が咲くように美しい女神〟として有名で、僕の奥さまで、父は〝山の神〟オオヤマツミ、姉は〝岩の神〟イワナガヒメ。

美しいと同時にとても気の強い神さまで、僕が「身籠《みご》もった子は僕の子ではないのでは？」と疑った時、僕の子であることを証明するために、わざわざ出産時に産屋《うぶや》を燃やし、3人の子（ホデリ、ホスセリ、ホオリ）を無事出産、身の潔白を証明したんだ。火の中で出産をした話から〝火の神〟ともされていて、父である〝山の神〟オオヤマツミから火山である富士山を譲られ、富士山に鎮座しながら東日本一帯を守護しているよ。また〝水の神〟ともされていて、あらゆるモノの守護神として代表的な女神だよ。

ククリヒメ

（菊理媛神、菊理媛命）

誰かと誰か、何かと誰かなど、
「縁をつないであげる」と
あなたの運気もアップします。

ご利益

良縁結び

福徳長寿

関連神社

石川県白山市
白山比咩《しらやまひめ》神社

全国約3000社の
白山《はくさん》神社　白山社

あなたが何かと何かの調和を取ったり、誰かとつながりたい、誰かと誰かをつなぐ中間に立つ立場であるならなおのこと、ご挨拶《あいさつ》に伺ったほうがいい神さま。

　というのも、ククリヒメはその名の通り「くくる、むすぶ」を担う女神。イザナギとイザナミが黄泉《よみ》の国で大喧嘩《おおげんか》をした際にも仲裁に入った神さま。このように両者の間に立ち、両者の意見を円満、円滑に伝えることができたことから、「天」と「地」をつなぐ巫女《みこ》が神格化したもので、イタコの元祖ともされている。また、ご縁がないものとはスパッと切り離してくれる神さまなので、不要なものとの縁切りもサポートしてくれる。

　竹を割ったようなキャラクターで何にも臆《おく》さない肝っ玉がすわっている姉御な女神。

タマヨリビメ

（玉依毘売命、玉依姫尊）

「新たなことを始めるとよい時。
新メンバーを迎えたり、
やったことがないことに
取り組むと大きく発展するわ。」

ご利益

安産

商売繁盛

関連神社

京都府京都市左京区
賀茂《かも》御祖《みおや》神社

千葉県長生郡
玉前《たまさき》神社

子育ての神さまでもあり、子育て中のお母さんにつながってほしい女神。海の神さまであるオオワタツミの子であり、トヨタマヒメの妹。トヨタマヒメがヤマサチヒコ（ホオリ）との間に産んだウガヤフキアエズを代わりに育て、後に結婚し、子を４人産んだんだ。

末っ子のワカミケヌが初代天皇である神武《じんむ》天皇となった、というのが日本神話では一般的だけど、由来や物語は諸説あるよ。主に言われてる「タマヨリビメ」は個人名ではなく神霊が憑依《ひょうい》する神聖な巫女や女性の呼び名ともされているんだ。

神と結婚し、子孫繁栄のシンボルであると同時に雷神でもある。賀茂《かも》別雷《わけいかづち》大社のご祭神であるカモワケイカヅチの母神さんだよ。

トヨタマヒメ

（豊玉毘売命、豊玉姫命）

「思いがけない吉報があります。
今ある執着を手放しましょう。」

ご利益

安産、子孫繁栄

海上安全

農業守護

関連神社

鹿児島県南九州市
豊玉姫神社

福井県小浜《おばま》市
若狭姫《わかさひめ》神社

安産を願う時、子宝に恵まれたい人はつながるといいよ。オオワタツミの娘でタマヨリビメのお姉ちゃん。僕とコノハナサクヤビメの息子のひとりであるヤマサチヒコ（ホオリ）の奥さんだね。浦島太郎が乙姫にもてなしを受ける話がヤマサチヒコとトヨタマヒメの話と似てるから、竜宮城の乙姫さまのモデルとの見方もあるよ。

出産時の姿を決して見ないようにとヤマサチヒコに告げ、産屋にこもったのに、ヤマサチヒコが覗《のぞ》いてしまい、ヤヒロワニ（ワニ、サメなど諸説あり）となっている姿を見られたことを恥じて、子どもを置いて実家に戻ってしまうんだ。容姿端麗な女神で勝ち気なイメージも。海神、水神として、富や安産に深い関わりがあるよ。また、夫がヤマサチヒコであることから、農業守護の役割もあるんだ。

【アマノタナバタヒメ】

（天棚機姫神）

「あなたの願いは
私たちに届いています。
焦らぬが吉。」

ご利益

恋愛成就

心願成就

関連神社

大阪府交野《かたの》市
機物《はたもの》神社

ズバリ!! 恋愛成就を願う人はつながってほしい神さまだよ。片想い中の人、これから素敵なパートナーに出会いたい人など、素敵な彼、彼女と幸せに歩んでいきたい人は、ぜひ神社にも足を運んでみてね。

古語拾遺《こごしゅうい》（平安時代の神道資料）では、アマテラスが天《あま》の岩戸《いわと》に隠れてしまった際に、アマテラスに献上する神衣を織った神さまで、七夕の「織姫」にあたる女神だよ。

天人や天女たちがまとう天衣を織るのが得意な神さまだったんだ。天香山《あまのかぐやま》で養蚕をし、織物をしていたんだけど、織物の中に星を織り込んでしまって、星の神を織物の中に封印したアメノハヅチノオノカミとともに機織りの神さまとされる。天八千千比売命《あまのやちぢひめのみこと》や天衣織女命《あまのえおりめのみこと》という別名も。タクハタチヂヒメと同一神と言われることもあるよ。

ヌナカワヒメ

（沼河比売、奴奈川姫）

「今は「音」や「響き」に
触れると吉。
歌ったり、日々ある音から
気付きがあるわ。」

ご利益

安産

子宝

関連神社

新潟県糸魚川市《いといがわし》
奴奈川神社《ぬながわ》

長野県諏訪郡
諏訪《すわ》大社下社　秋宮 子安社《こやすしゃ》

詩や歌にまつわる仕事、趣味がある方はご挨拶に行くと喜ばれるよ。

日本書紀には登場せず、古事記に登場する女神。古事記では、オオクニヌシがヌナカワヒメを妻にしたくて高志国《こしのくに》に出掛けて、ヌナカワヒメの家の外から「私と結婚してほしい」という内容の歌で熱烈に口説こうとしたとあるよ。でもヌナカワヒメは一旦《いったん》断り、次の日に歌で「ＯＫ」と応《こた》えて2神は結婚。

ヌナカワヒメは書物にはあまり詳しくは記されていない女神だけど歌をこよなく愛する心穏やかな神さまで、子を授かり安産に導く女性の大仕事を手伝ってくれる、女性が頼れる女神だよ。

スセリビメ（須勢理毘売命、須世理毘売命）

「あなたに愛を
伝えたい人がいます。
心を鎮《しず》め、
その時を待ちましょう。」

関連神社

島根県出雲《いずも》市
出雲大社　大神大后神社《おおかみのおおきさきのかみのやしろ》

福島県いわき市
國魂《くにたま》神社

ご利益

夫婦円満

良縁結び

夫婦円満を願う時につながると絶大なサポートをしてくれるよ。

とっても可愛らしくハツラツとしていたから、兄たちから殺されそうになったオオクニヌシがスサノオやスセリビメが住む「根《ね》の国」に逃げて来た時、スセリビメにひと目ぼれをし、たちまち恋に落ちてしまうんだ。

スサノオは、オオクニヌシが可愛い娘に本当にふさわしい者かを確かめるために様々な試練を与えた。でもスセリビメはスサノオに似て何事にも臆することなく、オオクニヌシに協力をして見事試練を乗り越え、結婚。

夫のオオクニヌシがプレイボーイだったために嫉妬《しっと》深い女神ともされているけど、旦那さんが純粋に大好きだったピュアな神さまだよ。

「素敵なパートナーが現れるわ。
その人はあなたの人生を
変えるキーパーソンよ。」

持統天皇《じとうてんのう》

ご利益

夫婦円満

病気平癒

関連神社

三重県桑名《くわな》市
北桑名《きたくわな》神社

三重県桑名市
天武天皇社

夫婦円満を願う人はつながるといいよ。
天武《てんむ》天皇の后《きさき》で、天武天皇が大海人皇子《おおあまのおうじ》だった時からずっとそばにいた鸕野讚良《うののさらら》皇后（のちの持統天皇）。

奈良市にある薬師寺《やくしじ》は、病に倒れた皇后の病気平癒《へいゆ》を願い、天武天皇が薬師如来を本尊として建てたとされていて、天皇は薬師寺が完成する前に崩御《ほうぎょ》したんだ。薬師寺の東塔の銘文「東塔檫銘《とうとうさつめい》」には、持統天皇が天武天皇の遺志を継いで薬師寺を建てたことなどが書かれているよ。

この話からわかるのは〝オシドリ夫婦〟だったということだね。互いを想い、行動できる素敵なご夫婦。

日本書紀にも、持統天皇が天武天皇に政治についての助言をしていたことなどが記されている。天武天皇亡き後は国を治めたパワフルな女性。

スサノオ

（建速《たけはや》須佐之男命、素戔男尊）

「あなたはいかようにも
変われます。変化、変身を
遂げる時。過去を振り切り、
過去に捉われるな。」

ご利益	
	良縁結び
	病気平癒

関連神社	
	埼玉県さいたま市大宮区 氷川神社
	島根県出雲市 須佐《すさ》神社

水難、火難などあらゆる「難」を遠ざける神さま。荒くれ者のイメージだけど、優しい神さまだよ。神仏習合し、牛頭天王《ごずてんのう》とも言われているね。祇園《ぎおん》、天皇とも縁が深い。

イザナギから海原を任されるも放棄し、母であるイザナミが恋しくて泣き明かしたことで、地上の木を枯らし、海は干上がり、悪神が地上にはびこるようになったんだ。結果、追放されることになり、追放前にアマテラスに挨拶に行ったことが、あの有名な天《あま》の岩戸《いわと》の話につながるよ。

その後、ヤマタノオロチを退治し、クシナダヒメと結婚、オオクニヌシと結ばれるスセリビメを授かる。そんなエピソードから、縁結びの力もあるよ。

関東を開拓した神で、皇室にも崇敬されていて、さいたま市大宮区にある氷川《ひかわ》神社がその象徴的存在だよ。

オオクニヌシ
（大国主命）

思いやり深く、隣にいる人、周りにいる人に優しくしよう。人類はみな兄弟であるから、人を助け、救うことができる子に、親である神々は褒美を授ける。

ご利益

良縁結び

産業開発

関連神社

島根県出雲市
出雲大社

奈良県桜井市
大神《おおみわ》神社

言わずと知れた「縁結び」の神さま。豊かさ、栄えあるものへあらゆる縁を結んでくれるよ。

オオクニヌシの兄たちに嘘の治療法を教えられ、泣いている皮の剥《は》がれた白兎《しろうさぎ》を見つけ、救った「因幡《いなば》の白兎」の話で有名な神さま。その優しさから、兄たちが狙《ねら》っていたヤカミヒメから求愛されることに。嫉妬した兄たちから殺されそうになり（実際は何度も死んでいるんだけど、母の尽力によりその度に生き返ったんだ）、母の指示でスサノオが住んでいる出雲《いずも》の国に行かされる。そこで、スサノオの娘であるスセリビメと出会う。スサノオから与えられる試練を乗り越え、恋は成就、国造りを任せられる。その相方として現れたのがスクナビコナ。彼は有能で、医薬や農耕、漁業の神でもあるよ。

イチキシマヒメ

（市寸島比売命、市杵嶋姫命）

真正面から向き合う事で
成功のチャンスがあるわ。
あなたにしかできない
偉業があるわ。

ご利益
財運
芸能上達
子宝

関連神社
福岡県宗像市 宗像大社　辺津宮
広島県廿日市市《はつかいち》 厳《いつくしま》島神社

財運を上げたい時、芸事を発展させたい時につながるとよい女神。宗像《むなかた》三女神の1柱で、美人3姉妹の1人。神仏習合によって「七福神弁財天」と同一神とされているよ。

イチキシマヒメは面倒見のよい神さまでも有名で、イチキシマヒメを祭神とする「市杵島神社」では、「ニニギが天孫降臨する際に、養育係として付き添い立派に育てた神だったことから、子どもの守護神ともされている」ともあるんだ。

また、天橋立《あまのはしだて》にある「元伊勢《もといせ》　籠《この》神社」では、祭神アメノホアカリ（ニギハヤヒと同一視する説あり）と夫婦とされていて、夫を立てるよき妻だったそう。総じて、人の長所を引き出し、伸ばすことが上手な神さま。

トヨウケビメ

（豊宇気毘売神、豊受気媛神）

「少し視野が狭くなって
いませんか？
不安に捉われず、豊かな
気持ちで過ごしましょう。」

ご利益
農業守護
漁業守護
産業復興

関連神社
三重県伊勢市 伊勢神宮 外宮
京都府宮津市 籠《この》神社

常に皆が豊かな気持ちでご飯を豊かに食べられるよう、尽力してくれる心優しい神さま。

名前にある「トヨ」は豊かさ、「ウケ」は食物を指し、食物、穀物を司る女神だよ。伊勢《いせ》神宮外宮《げくう》のトヨウケノオオカミとして祀《まつ》られていることで有名。

ある時、アマテラスが雄略《ゆうりゃく》天皇の夢枕に現れて「ひとりでは寂しいし安らかにご飯が食べられないからトヨウケビメをそばに呼びよせてほしい」と伝え、もともと祀られていた丹波国《たんばのくに》（京都府、兵庫県）から伊勢神宮外宮に祀られたんだ。

ワクムスビの子でもあり、ワクムスビが穀物を生育させる神なので、同等の力を持つ食物神。ご自身も食べることが大好き。大体何かをつまんでいるよ。

ハニヤマヒメ

（埴山姫神）

「先を見るより
〝今〟を整えてください。
先延ばしにしていることを
整えると流れが変わります。」

ご利益
田畑守護
陶磁器守護
安産

関連神社
群馬県高崎市 榛名《はるな》神社
千葉県成田市 埴生《はぶ》神社

田畑、農業、造園、陶磁器などの仕事をされている方は特にご挨拶に行くといい、土を司る女神だよ。

土に宿り、穀物を豊かに実らせたり、土をよい状態に保ち、土から生み出されるものを守護する神さまなので、穀物の神さまともされているんだ。

イザナミが火の神カグツチを出産し、死の淵《ふち》に立たされている時、水の神ミヅハノメと一緒に生まれたため、「鎮火」の力も強いとされているよ。

土、土壌、鎮火の神さまなだけあるので「足元を固めたい」時にもつながるとよい。自分の精神的な地盤がユルユルでは物事を進めても上手くいくはずもない。一度立ち止まって自分を振り返りたい時など、足元をすくわれたくない時にご挨拶に行くといいんじゃないかな。

「気落ちしやすい時だけど、
物事は発展に動いているから
心配しなくて大丈夫。」

ミヅハノメ
（弥都波能売神、罔象女神）

ご利益

商売繁盛

祈雨、止雨

関連神社

福井県越前市
大滝神社 摂社 岡太《おかもと》神社

山梨県北杜市
八嶽《やつがたけ》神社

日本の代表的な水の神さま。古事記ではイザナミの尿から生まれたと言われ、肥料の神さまでもあるよ。

雨を降らせたり、止ませたりする神さまで、あらゆる命の根源。人々の生活に密着した神さまだから、子どもがほしい時、イベントの前に晴れてほしい時、農作物のために雨を降らせたい時などにつながるといいよ。また、紙漉《す》きを教えたことでも有名で「越前《えちぜん》和紙」のルーツとなる神。

一説によると、ミヅハノメは、夫ミヅハノオとともに、地下水の治水を司る神であり、イザナギとイザナミは、この夫婦神に、「地下水は、天《あめ》の安河原《やすのかわら》の水なので、汝《なんじ》らがこれを治めて、植物の生育の助けとなるように管理せよ」と命じたと言われるよ。

【タクハタチヂヒメ（栲幡千千姫命）】

「ただコツコツと
事に当たっていれば
後に大きな喜びを得ます。」

ご利益	関連神社
織物業守護	福島県二本松市 塩澤《しおざわ》神社
安産	大阪府交野市 機物《はたもの》神社

織物の神さまなので、布や洋服に関わる仕事をしている人はご挨拶に行くと喜ばれるよ。また、子宝を授かりたい時や安産を願う時にもつながるといいよ。

古事記ではタカミムスビの娘として登場し、日本書紀では、兄神はオモイカネ（アマテラスの天《あま》の岩戸《いわと》開きで、神々を総指揮していた秀才な男性神）とされているね。アマテラスの長男であるアメノオシホミミと結婚をして後に生まれたのが僕、ニニギ。天孫降臨《てんそんこうりん》という大きな出来事を担った僕の母神であることから、強く立派な魂が宿るように、女性の子宝や安産を力強くサポートしてくれるよ。

自らが前に出ていくような目立つ神さまではないけれど、何事もコツコツと取り組み、後に大きな成果をしっかりと出す、「安定」の女神だね。

「お金」や「ビジネス」などに
幸運が舞い込む時。
欲ばらずにいるとさらなる
豊かさがもたらされます。

ヒルコ

（水蛭子、蛭子神）

ご利益	
	商売繁盛
	漁業守護

関連神社	
	兵庫県西宮市 西宮神社
	徳島県那賀《なか》郡 蛭子神社

言わずと知れた「商売繁昌」の神さま。

古事記では、別天神《ことあまつかみ》の命により、イザナギとイザナミが天沼矛《あめのぬぼこ》でつくった淤能碁呂島《おのごろじま》にて結婚し、初めて生まれた子なんだけど、女神であるイザナミから子作りを誘ったために月が満たずに生まれてしまい、葦舟《あしぶね》に入れられ淤能碁呂島から流されてしまうんだ。

えびす信仰の拠点「西宮《にしのみや》神社」では、海に流されたヒルコは海を漂った後、摂津国《せっつのくに》西の浦の海岸に漂着したとされていて、その地の人々にヒルコは育てられ、夷三郎《えびすさぶろう》殿となり、夷三郎大明神、戎《えびす》大神として祀られるようになったんだよ。

日本のえびす神社の総本社である「えびす宮総本社」とされているのが兵庫県西宮市にある「西宮神社」。島根県松江市の美保《みほ》神社はコトシロヌシ系なので、別系統。

アメノトコタチ

（天之常立神、天常立尊）

「何事にも前向きに
取り組みましょう。
輝きが増して願いが叶う
速度が速くなります。」

ご利益	
	産業開発
	必勝祈願

関連神社	
	岩手県奥州市 駒形《こまがた》神社
	宮城県栗原市 駒形根《こまがたね》神社　直宣日宮《ちょくせんひるみや》

新たな〝世界〟を創りたい時につながるとよい神さま。

天地開闢《てんちかいびゃく》の時（天地が創られた時）に5柱の別天津神《ことあまつかみ》の最後に現れた神だよ。

古事記では1箇所だけ登場し、日本書紀でも「第一段一書（六）空中に葦《あし》の芽と脂」に唯一登場するよ。詳細な情報はあまりない神さまなんだけど、他の別天津神と同じ、配偶神を持たない独神《ひとりがみ》。

また、名前の響きからもわかるように、「アメ」は、神さまたちが住む高天原《たかまのはら》で、「天」や「宇宙」でもある。「トコ」はその存在は永遠にあることを示し、「タチ」は眼に見えなかったものが立つことを示しているから、「高天原」「天」「宇宙」が永遠に存在することを示す神さまになる。だから、「天の土台」とも言われる神さまだよ。

オオヤマツミ

（大山津見神、大山祇神）

「笑っていなさい。
笑う門《かど》には幸い来たる。
努めてでも笑っていると
よいことが起こるぞ。」

ご利益
山林守護
農業守護
航海守護

関連神社
愛媛県今治市《いまばり》 大山祇神社
神奈川県伊勢原市 大山阿夫利神社《おおやまあふり》

山の総司令官。登山、林業に関わる人はぜひご挨拶に。富士山の支配権を握っていたんだけど、娘のコノハナサクヤビメに譲ったんだ。祀られている神社は全国1万社を超えるよ。また、コノハナサクヤビメにヤマサチヒコ（ホオリ）が生まれた際に大喜びし、お酒を造り、神々に振る舞ったことから、酒解神《さかとけのかみ》としてお酒の神さまでもあるよ。

娘のコノハナサクヤビメが、僕に嫁ぐ際、コノハナサクヤビメの姉のイワナガヒメを一緒に嫁がせようとしたところ、送り返され、激怒、その後、僕の子孫である天皇家が短命になったという話は有名（汗）。

コノハナサクヤビメ曰《いわ》く、娘のことが大好きな親バカお父ちゃん。娘のことになると大人気なく大暴れする愛情深い父神さんだよ。

イワツツノオ

（石筒之男神、磐筒男神）

「苦あれば楽あり。
今モヤモヤしているものも、
もう少しで花が咲く。」

関連神社

東京都新宿区
赤城神社《あかぎ》

ご利益

殖産興業
厄難消除
火難消除
学問芸術

イザナギが火の神カグツチを刀で倒した時に、カグツチの血から生まれた神さまで、「生命力」に長《た》け、智、仁、勇のすぐれた力を持っているよ。

古事記では、剣の鋒端《さき》についた血からイワサク、ネサク、イワツツノオの3神、剣の鐔《つば》際についた血から、ミカハヤヒ、ヒハヤヒ、タケミカヅチの3神、刀の柄に溜《た》まった血が指の股から漏れて現れたクラオカミ、クラミツハの2神、計8神が十拳剣《とつかのつるぎ》によって生まれたとあるんだ。

「ツツ」は「ツチ」がなまったもので、「カグツチ」や「シオツチ」のように「ツ」は助詞の「の」で、「チ」は「霊威」を表しているんだ。日本書紀ではイワツツノメと夫婦で、フツヌシを産んだ神とも描かれているよ。

シオツチノオジ

（塩椎神、塩土老翁）

「よい流れに乗っています。
現状が変わっていないからと
疑う必要はない。
長引いても必ず実になります。」

ご利益	
	製塩業守護
	延命長寿

関連神社	
	宮城県塩竈市 鹽竈《しおがま》神社 （全国の鹽竈神社の総本宮）
	鹿児島県熊毛郡 益救《やく》神社

道案内の神。何かに迷いがある時はつながるとよい神さまだよ。

潮流を司る神、航海の神とも言われる神さまで、古事記や日本書紀では、他の神を導く役割も担っているよ。

ヤマサチヒコが兄のウミサチヒコから借りた釣り針を紛失してしまった時、ヤマサチヒコを手作りの小船に乗せて海に送り出し、海神の宮へ行く道筋を教えた。そしてヤマサチヒコは失くした釣り針を無事に見つけることができたという話があるよ。

また、天から地へ降りたタケミカヅチとフツヌシが諸国を平定した後に、シオツチノオジに導かれ宮城県の塩竈《しおがま》を訪れているんだ。その後シオツチノオジだけがその地に残り、煮塩の作り方を教えたとされているよ。

「不要な情報、邪念に流されず、
ただただ真っ直ぐに進め。
ヒラメキや直感を信じなさい。」

ククノチ

（久久能智神、句句廼馳）

ご利益	
	山林守護
	厄難消除

関連神社	
	兵庫県西宮市 公智《くち》神社
	北海道苫小牧《とまこまい》市 樽前山《たるまえざん》神社

イザナギ、イザナミの間に生まれた神さまで、真っすぐにブレずに自分の資質や業績を伸ばしたい人はつながってほしい。また、山林業、国土開発を守護する神でもあるため、関連する仕事をしている人もつながるとサポートをしてくれるよ。ちなみに、男性の生命力の様子を表しているとも言われ、精力増強の神でもある。

また、ククは木々を意味し、木を神格化したもの。日本では山に神がいると考えられており、神さまのいる領域を示したのが榊《さかき》。ククノチはすべての木を表すよ。

昔から、木は、天上に住む神さまが地上に降臨する時の依《よ》り代《しろ》と考えられており、それらがご神木とされた。それらの生命力を司るのもククノチとされるよ。

カナヤマビコ

（金山毘古神、金山彦神）

「感覚を研ぎ澄ませて
過ごしてください。
すると今まで気付けなかった
発見があり、それがあなたに
「ラッキー」をもたらします。」

ご利益

金属加工業守護

金運

関連神社

宮城県石巻市
黄金山《こがねやま》神社

岡山県津山市
中山《なかやま》神社

金運、財運を上げたい人はつながってね。

火の神カグツチを産んで苦しんだイザナミが嘔吐《おうと》した際に生まれた神さま。

鉱山を司り、金属を扱う人の技法を守護してくれる。金属からお金、お金から黄金ということで、金運アップ、財運アップ、金目の物、お金の円滑な流通にご利益があるよ。

神武《じんむ》東征の時に金鵄《きんし》（金色のとび）を飛ばし、戦勝をもたらす霊威を発揮したとも言われているね。これは優秀な鉄製武器の製造技術を背景に持つ包丁の神のルーツを物語っていると考えられるんだ。

このように、カナヤマビコは、本来の鉱山の神という枠にとどまらない働きをする神さまだよ。

「誰かを羨《うらや》ましいと思う
必要はないわ。あなたが
あなたでいることで
幸せが舞い込むわ。」

イザナミ
（伊邪那美命、伊奘冉尊）

ご利益

延命長寿

事業成功

産業繁栄

関連神社

滋賀県犬上郡
多賀《たが》大社

埼玉県秩父《ちちぶ》市
三峯《みつみね》神社

何かを生み出したり、繁栄させたい時につながるとよい女神。国産み、神産み、人に寿命を作り「生」と「死」を作った母神さんだよ。

火の神カグツチを出産した際、陰部を焼かれて亡くなってしまう。哀《かな》しんだ夫イザナギは、黄泉《よみ》の国までイザナミを追いかけるんだけど、亡くなった後の姿が醜かったために、イザナギは恐れて逃げ帰ってしまった。それにブチ切れたイザナミは「なんて失礼な男！」「1日1000人の人間を殺す！」と伝え、人間に「死」の起源を作ったと言われている。

この神話により、醜い姿のまま黄泉の国にあるように語られているけど、本当は綺麗《きれい》でハツラツとしたイザナミとして、今もなお皆を見護《みまも》る優しいお母さんなんだよ。

ナキサワメ

（泣沢女神、哭沢女命）

「涙を流すことでエネルギーの
浄化をすると吉。
嬉しい時も哀しい時も
涙は感情のままに流してね。」

ご利益	
	延命長寿
	新生児守護
	祈雨

関連神社	
	奈良県橿原市《かしはら》 畝尾都多本神社《うねおつたもと》
	和歌山県有田郡《ありだ》 藤並神社《ふじなみ》

出産、延命長寿などの「命」に関わるお願いをしたい時に、つながるとよい女神だよ。

イザナギが妻であるイザナミを亡くした時の哀しみの涙から生まれたとされているよ。水や井戸の神とされ、新たな生命が生まれるものを守護し、再生の神ともされる。

かつて日本には、巫女が涙を流し死者を弔う儀式があって、そうした巫女を泣き女と言ったんだ。ナキサワメは泣き女が神格化したものとも言われていて、出産、延命長寿など生命の再生に関わる信仰を集めてるんだ。雨を天地の涙と見なし、降雨の神さまと言われることもあるよ。

ナキサワメ自身が「泣き虫」と勘違いされてしまうことが多いけど、「泣く」「泣き女」の神格化なだけで、本人はいたって明るく、なぐさめ上手な女神だよ。

イワナガヒメ

（石長比売、磐長姫）

「外見や世間体に
捉われていませんか？
あなたの本質を磨く時です。」

ご利益
延命長寿
良縁結び
縁切り

関連神社
静岡県賀茂郡 雲見浅間神社
京都府京都市左京区 貴船神社《きふね》　結社《ゆいのやしろ》

岩のように永く「ソレ」（命・縁・事柄・事業など）を保ちたい時につながるとよい、岩の女神。

妹コノハナサクヤビメに、僕が婚姻を申し込んだ際、大喜びした父神オオヤマツミは同時にイワナガヒメも差し出した。でも僕は〝醜い〟と言ってイワナガヒメを追い返してしまった。それを知った父神オオヤマツミは「イワナガヒメを差し出したのは、岩のような永遠の命を願ってのこと。コノハナサクヤビメだけを選んだのなら、あなたの命は花が散るようにはかなくなるでしょう」と憤怒（汗）。

この件でイワナガヒメは、コノハナサクヤビメや僕を憎んでいるという説もあるけどそんなことはない。威風堂々とした優しいお姉ちゃんだって、妹のコノハナサクヤビメは言っているよ。

「どっしりと構えていなさい。
あなたが揺るがないことが
最大の鍵。
自分を信じなさい。」

イザナギ

（伊邪那岐命、伊弉諾尊）

ご利益
延命長寿
子孫繁栄
夫婦円満

関連神社
滋賀県犬上郡 多賀大社
兵庫県淡路市 伊弉諾《いざなぎ》神宮

言わずと知れたわれらが父神さん。

イザナミとの出来事や、黄泉《よみ》の国に関わるエピソードがあるので、「産む」というところでクリエイティビティを上げたい人はつながるとよい。お父さんと一緒にイザナギがいる神社へお参りするのもオススメ。信頼関係が増し、あなたのお父さんの健康や延命も叶いやすいよ。

神世七代《かみよななよ》の最後にイザナミとともに生まれ、イザナミとは兄妹であり、夫婦でもあるよ。

高天原《たかまのはら》の神々に命ぜられ、天《あめ》の浮《う》き橋《はし》から天沼矛《あめのぬぼこ》で海をかき回し、出来上がった淤能碁呂島《おのごろじま》にてイザナミと結婚した。国産み、神産みにおいて、イザナミとの間に、日本国土を形づくる多数の子をもうけたんだ。

ちょっと母性のある優しい父親、マスオさんのイメージ。

スクナビコナ

（少名毘古那神、少彦名命）

「あなたが進む道をサポートする
人が現れます。アドバイスを
謙虚に聞き入れると、
想像以上の「結果」が出ます。」

ご利益

病気平癒

産業開発

関連神社

東京都千代田区
神田明神（神田神社）二之宮

福島県いわき市
温泉神社

穀霊的性格（穀物神）が強く、国造りの協力神、知識、医薬、温泉、酒造、石の神ともされているので、それらに関係する仕事をしている人は日々つながるようにすると様々なサポートをしてくれるよ。

古事記ではカミムスビの子であり、日本書紀ではタカミムスビの子とされているよ。

オオクニヌシが国造りをする際に天乃羅摩船《あめのかかみのふね》に乗って波の彼方《かなた》より来訪し、オオクニヌシのそばで献身的にサポートをしていた身体《からだ》の小さい神さま。

明るくヤンチャな神さまだけど、とても頭がよく、オオクニヌシからの信頼も絶大だったんだ。でも、後に常世国《とこよのくに》（海の彼方にあるとされる異世界）へ帰ってしまうんだ。

アメノウズメ

（天鈿女命、天宇受売命）

「周りにいる人を笑わせると、
笑ってしまうような幸運が
あなたにも訪れるわ。」

ご利益

芸能上達

武芸守護

関連神社

三重県伊勢市
猿田彦《さるたひこ》神社　佐瑠女《さるめ》神社

長野県長野市
戸隠《とがくし》神社　火之御子《ひのみこ》社

笑いに包まれた人生を歩みたい、自分のスキルを上げたい時につながるとよい女神。

天《あま》の岩戸《いわと》に隠れたアマテラスを艶《あで》やかな踊りで外に誘い出したことから、芸能の神の祖とされている。その時の踊りはかなり大胆なもので、胸をさらけ出し、周囲にいる神々を笑わせ、大変陽気な状況を作った〝楽しい〟神さま。このことから、アメノウズメの踊りが「神楽《かぐら》」の始まりなんだって。

後にアマテラスの孫にあたる僕の天孫降臨《てんそんこうりん》をサポートした神でもあり、その際に地上から案内に来たサルタヒコを見破り、結婚。「猿女君《さるめのきみ》」となり、祭祀祈祷《さいしきとう》を行い、たくさんの神々を喜ばせた。巫女を神格化したものともされているよ。

「誰かの役に立ちなさい。
困っている人のサポートを
することであなた自身にも
運気が舞い込む時よ。」

ヤマトヒメ
（倭姫命）

ご利益

知恵明瞭《めいりょう》

国家安穏

関連神社

三重県伊勢市
伊勢神宮　倭姫宮

アイデアマンで縁の下の力持ち、名サポーター。他人のために動く、とっても穏やかで優しい神さま。秘書や右腕、キャッチャーなど誰かをサポートする人、アイデアがほしい人はつながるといいんじゃないかな。

日本書紀に登場するアマテラスを伊勢に奉斎《ほうさい》した方だよ。父は第11代垂仁《すいにん》天皇、母はその皇后となった日葉酢媛命《ひばすひめのみこと》。アマテラスの神託を受け、伊勢に鎮座することを決めた。

古事記ではヤマトタケルの叔母とされるんだ。草薙《くさなぎ》の剣《つるぎ》をヤマトタケルに授けた方でもあるよ。

また、ヤマトタケルの九州の熊襲《くまそ》征討の際に自らの衣装を貸し、女装を手助けしたという話もあって、それが日本初の女装だとか!?　すごいアイデアだよね。

アメノコヤネ

（天児屋命、天児屋根命）

「人を安心させる言葉を使ってください。陰口、悪口、愚痴はほどほどに。巡って自分が痛い思いをします。」

ご利益

学業成就

国家安穏

開運厄除

関連神社

奈良県奈良市
春日大社

大阪府東大阪市
枚岡《ひらおか》神社

アナウンサー、歌手など、声を届ける人はぜひつながってほしいな。春日権現《かすがごんげん》、春日大明神とも呼ばれているよ。アマテラスの天《あま》の岩戸《いわと》隠れの際、岩戸の前で祝詞《のりと》を唱え、アマテラスが岩戸を少し開いた時に、フトダマとともに鏡を差し出した神さま。

天孫降臨《てんそんこうりん》の際、僕に随伴《ずいはん》し、古事記には中臣連《なかとみのむらじ》の祖とも書かれているよ。名前の「コヤネ」は「小さな屋根（の建物）」、または「言綾根《ことあやね》」の意味で、託宣《たくせん》（神仏が人にのりうつったり、夢の中に現れたりして、その意志を告げること）の神の居所、または祝詞を美しく奏上することと考えられているんだ。もともとの祝詞とは儀礼の場で神人が神の意志を伝える呪力《じゅりょく》のある言葉とされていて、現在の神主が唱えているものは祝詞の中の寿詞《よごと》と呼ばれているものに近い。

タケミナカタ

（建御名方神）

「諦《あきら》めるな。
自分から手放さなければ、
あなたの願いは
具現化していきます。」

ご利益

武芸守護

盛業繁栄

関連神社

長野県
諏訪大社

福島県いわき市
小名浜諏訪神社

決意の神さま。覚悟を持って自分を変えたい時につながるといいよ。

アマテラスからの指令で、オオクニヌシに国譲りを伝えるために天から降りてきたタケミカヅチ。オオクニヌシは回答できずにいたんだけど、タケミナカタは認めず、タケミカヅチに「力くらべ」を申し出るんだ。タケミナカタは力持ちの神さまなのだけど、タケミカヅチにまったく歯が立たなかった。これが相撲の起源とされていて、この時に諏訪湖《すわこ》に逃げ込んだことから諏訪大社に鎮座しているとされているよ。

勝負に負けてしまった情けない神さま、と思われているけど、本当は彼の力が強大過ぎて封印された、という見方もあるんだ。

タケミカヅチ

（建御雷神、武甕槌）

「力まなくても勝負事には
勝つ時です。
相手を無理に追い込まずとも
あなたらしくありさえすれば、
事はスムーズに運びます。」

ご利益	
	武芸守護
	厄難消除

関連神社	
	茨城県鹿嶋市 鹿島神宮
	秋田県男鹿市 真山《しんざん》神社

勝負事で勝ちたい時につながるとよい神さま。

イザナミが火の神カグツチを産んで陰部に火傷《やけど》を負ってしまった時、怒ったイザナギがカグツチを剣で切った際、血が磐《いわ》に飛び散って生まれた神さまだよ。

最も強い軍神ともされているね。国譲りを迫り、タケミナカタと力比べをし、一瞬で負かせてしまったことから、必勝、勝負事、武芸上達の神さまとされているよ。

鎮座する鹿島《かしま》神宮は、数少ない〝神宮〟が付く神社のため、お伊勢参りの後に東国三社巡りをするといいとされている。

タケミカヅチとフツヌシは、オオクニヌシとスクナビコナのようなコンビとも言われているよ。要石《かなめいし》に住まう大ナマズを御する存在として多くの錦絵《にしきえ》に描かれており、地震を治める神さまとしても有名だよ。

今は学びを深めると
運気が上がります。
今の学びの努力は後に「繁栄」
「繁盛」につながります。

菅原道真《すがわらのみちざね》

ご利益　学業成就

関連神社　菅公聖蹟《かんこうせいせき》二十五拝などの
全国「天満宮」「天満神社」など

言わずと知れた学問の神さま。受験や試験に合格したい時はぜひつながってね。平安時代の貴族で、政治家であり、漢詩人だね。

朝廷への忠誠心が強かったのに、裏切りに遭ったため、祟《たた》り神として知られるようになったけど、ただただ誠実で忠実な人だよ。忠犬ハチ公のようなイメージだね。

宇多《うだ》天皇に重用されて、寛平《かんぴょう》の治《ち》を支えたひとりであり、醍醐《だいご》朝では右大臣にまで出世したんだ。しかし、左大臣・藤原時平に讒訴《ざんそ》され、大宰府《だざいふ》へ大宰員外帥《だざいいんがいのそち》として左遷され現地で亡くなってしまう。死後、天変地異が多発したことから、朝廷に祟りをもたらしたとされ、天満天神《てんまんてんじん》として信仰の対象となるよ。

現在は学問の神さまとして親しまれているね。

アマテラス

（天照大御神、天照大神）

「あなたの願いが叶う時です。
明るく陽が差す時を
楽しみにしていて。」

縁結び
お金
健康
スキル向上
開運
その他
龍神
眷属
開運のコツ

ご利益
万能の神
国家安穏
子孫繁栄

関連神社
三重県伊勢市 伊勢神宮 内宮《ないくう》
福島県郡山市 開成山大神宮《かいせいざんだいじんぐう》

日本の総氏神さんで、日本の神さまの「トップ」とされているよ。

父のイザナギから高天原《たかまのはら》を任され、神々を統括してきたんだけど、ある時事件が起こるんだ。それがかの有名な「天《あま》の岩戸《いわと》開《びら》き」。弟神のスサノオの酷《ひど》い行いに嫌気が差し、アマテラスが岩戸に隠れてしまうと、世界から太陽が失われ、闇と化し、世界は災い続きになってしまった。困った神々はどうにかしてアマテラスを岩戸の外に出そうと、岩戸の前で踊ったり歌ったり笑ったりお供えをしたり……あの手この手をつくした結果、ドンチャン騒ぎの外が気になり、アマテラスが顔を出したところで岩戸の外に出すことに成功。世界に太陽が戻り闇や災いは治まったんだ。

〝存在そのものに感謝〟の神さまだよね。

「疑い、迷いを祓い、
今のあなたで
真っ直ぐに進みなさい。
嘆く必要はない、強くあれ。」

セオリツヒメ
（瀬織津姫）

ご利益

- 罪穢れの祓い
- 水難防止
- 良縁結び

関連神社

- 三重県伊勢市
  伊勢神宮　荒祭宮《あらまつりのみや》
- 石川県金沢市
  瀬織津姫神社
- 兵庫県神戸市灘区
  六甲比命《ろっこうひめ》神社

日々お風呂に入るのと一緒で、自分でも気付かないうちに身体《からだ》に付いてしまった〝穢《けが》れ〟〝気枯れ〟を取るためにつながり、開運を願うといいよ。

山からの急流の瀬にいて、あらゆる「罪」「穢れ」を祓《はら》い、川や海へ流す女神で、穢れのない本来の自分に戻してくれる神さま。古事記にも日本書紀にも登場しない、その原書とされるホツマツタヱと大祓詞《おおはらえのことば》の中にだけ名前が残される神さまだよ。

男性神アマテルがひと目ぼれをしてしまうほどの美貌《びぼう》を持つ。清く、明るく、優しく、強くあり、絶世の美しさも持つために〝女性の鑑《かがみ》〟なんだけれど、それほどの存在感や影響力があったため、歴史的に「葬り去られた神さま」とも言われているんだ（諸説あり）。

オトタチバナヒメ

（弟橘比売命、弟橘媛）

「勇気を持って進みなさい。
臆してしまって
避けているものにトライすると
開運するわ。」

ご利益

出世開運

海上安全

関連神社

神奈川県横須賀市
走水《はしりみず》神社

千葉県茂原市
橘樹《たちばな》神社

ヤマトタケルの奥さん。自分や自分のパートナーが「出世」したい時に、つながるといいよ。ワカタケヒコオウをヤマトタケルとの間にもうけた母神さんでもある。

ヤマトタケルが使命を達成する際に海が荒れに荒れ、海を鎮めるために自らの命を海の神に差し出した話はあまりに有名だよ。ザ・妻の鑑だね。この悲劇をヤマトタケルが「きみさらず（君不去）」と嘆いた地が「木更津《きさらづ》」とされ、「吾《あ》が妻よ」とつぶやいた地が「あずま」とされるんだ。

たとえ自分が犠牲になっても護りたいものには身を投じる。人のために身を尽くす、自分が盾になって護れるのであれば、犠牲も厭《いと》わない女神。自分が好きな人の願いを叶えたい、つまり、この女神のことを好きな人の願いは、積極的に叶えてくれるよ。

ヒミコ
（卑弥呼）

あなたがリーダーシップを
発揮すると、全体的な運気が
上がる時。
自分の自由なアイデアを
皆に共有してみてください。

ご利益

出世開運

関連神社

鹿児島県霧島市
卑弥呼神社

奈良県桜井市
箸墓古墳《はしはかこふん》

リーダーとしての資質を伸ばしたい人はつながるといいよ。

諸説あり過ぎて謎《なぞ》が多いヒミコ。たくさんの学者さんが様々な見解を述べているから自分の信じられるものでヒミコを覚えておいてほしい。

ヒミコは魏志倭人伝《ぎしわじんでん》などの中国の史書に記されている倭国（日本）の女王。邪馬台国《やまたいこく》に住んでいたとされているよ。

近年、吉野ケ里《よしのがり》遺跡が発掘されてから邪馬台国はいよいよ九州説に決定しつつある。他にも、神功《じんぐう》皇后がヒミコと言われたり、ヤマトトトヒモモソヒメがヒミコと言われたり、古事記や日本書紀に出てこないから、滅ぼされた地方の豪族と言われたり、ヒミコは役職の名前だったとされたり。

いずれにせよ、素晴らしいリーダーシップを発揮していたことに間違いない存在。

あなたはこの世界の
創造主です。あなたは自由に
日々を創れます。無限に広がる
可能性を信じてください。

造《ぞう》化《か》三《さん》神《しん》

ご利益

心願成就

延命長寿

関連神社

埼玉県秩父市
秩父神社

福島県相馬市
相馬中村《そうまなかむら》神社

厄除《やくよ》け、心願成就、長寿、招福など、ご利益はオールマイティで全知全能。

天地開闢《てんちかいびゃく》の際に、高天原《たかまのはら》に最初に出現した神だよ。天津《あまつ》神《かみ》の中でも特別な存在として「別天津神《ことあまつかみ》（天地開闢の際に高天原に最初に出現した神）」と呼ばれ、アメノミナカヌシ（天之御中主神、天之中主神）、タカミムスビ（高御産巣日神、高皇産霊尊）、カミムスビ（神産巣日神、神皇産霊尊）の3神で造化三神と言われるよ。

神名は、天（高天原）の中央に座する主宰神という意味。宇宙の根源の神であり、宇宙そのものであるともされるよ。

アメノミナカヌシは、神仏習合すると妙見菩薩《みょうけんぼさつ》とも言われる。波動がかなり軽く、他の日本の神さまとはまた別のエネルギー体、宇宙そのもの。姿がない、「空」の状態。

クニノトコタチ

（国之常立神、国常立尊）

「覚悟を決めなさい。
今ある「不安」は幻想です。
覚悟を決めて前進してください。」

ご利益

開運招福

国家安穏

関連神社

東京都千代田区
日枝《ひえ》神社

和歌山県新宮市
熊野速玉《くまのはやたま》大社 相殿

根源神。国土における営為すべてに影響を与える神だよ。アメノトコタチと対をなし、天地の境が出来た時に現れたんだ。大地そのものを神格した、大地、国土を象徴する神さま。

古事記では神世七代《かみよななよ》、日本書紀では最初に現れた神とされ、古事記では男女がない独神《ひとりがみ》とされるけど、日本書紀では「純男（陽気のみを受けて生まれた神で、まったく陰気を受けない純粋な男性）の神である」と記されている。

グラウンディングの神さまでもあるので、優柔不断だったり、覚悟が決まらない人は、つながるといいよ。人の精神的な成長であったり、行動力を促してくれる。地球は「行動」の星なので、人間としての意識の置き方、行動を支えてくれるよ。

縁結び
お金
健康
スキル向上
開運
その他
龍神
眷属
開運のコツ

ニギハヤヒ

（邇藝速日命、饒速日命）

「物事を俯瞰《ふかん》する時です。
固執、執着はしないでください。
手放すとよりよいものが
手に入ります。」

ご利益

心願成就

病気平癒

関連神社

埼玉県所沢市
物部《もののべ》天神社《てんじんしゃ》

京都府宮津市
籠《この》神社

前進したい時、リーダーシップを発揮したい時につながるとよい神さまだよ。雰囲気としては、東山紀之さんのような、綺麗でシュッとしたエネルギーの男性神なんだ。

ニギハヤヒは、一説ではセオリツヒメの夫ともされていて、セオリツヒメに謎が多い分、ニギハヤヒもたくさんの謎に包まれた神さま。

だから諸説ある中で、あなたが一番しっくりくるもので、ニギハヤヒのことを覚えておいてあげてね。

先代旧事本紀《せんだいくじほんぎ》によると、アマテラスが瑞穂国《みずほのくに》を治めるためにわが子であるアメノオシホミミを降臨させようとした時に、アメノオシホミミが産んだ神で、アマテラスに十種《とくさ》の神宝を持たせせられ、アメノオシホミミの代わりに降臨させられたんだって。

誰も見ていないところでこそ
努めていると、
運気が開けてきます。
陰の努力が実を結びます。

ツクヨミ

（月読命、月弓尊）

ご利益

心願成就

海上安全

家内安全

関連神社

京都府京都市西京区
松尾《まつのお》大社　摂社月読神社

山形県鶴岡市
出羽三山《でわさんざん》神社　月山《がっさん》神社

陰で支える仕事をする人はつながるといいんじゃないかな。秘書、マネジャー、運転手、メイクさんなどの「縁の下の力持ち」の人たちはつながるといいよ。

月の神とされ、イザナギが黄泉《よみ》の国から戻ってきて、禊《みそぎ》をしている時に、イザナギの右目から生まれた神さまだよ。

アマテラスが太陽神、スサノオが海原の神、ツクヨミが夜と月の神で、3神で三貴子《みはしらのうずのみこ》とも呼ばれる。暦との縁も深く、占いの神さまなんて言われることも。

皆が寝静まった時に活動する、補助、サポートの神さま。月経がある女性や、ちょっとネクラな人がつながると気持ちが軽くなるよ。暗いことは悪いことじゃないから、そのままの自分を受け入れ、そのままの自分で生きていく強さを身につけることができるよ。

シナツヒコ

（志那都比古神、級長津彦命）

「今ある悩み、苦しみを超えて
こそ得られる「幸せ」がある。
カッコつけず、嘘はつかず、
今ある悩みに向き合おう。」

ご利益

運気上昇

五穀豊穣《ほうじょう》

関連神社

三重県伊勢市
伊勢神宮 外宮 風宮、
内宮 風日祈宮《かざひのみのみや》

奈良県生駒郡
龍田《たつた》大社

航海安全の神であり、イザナギとイザナミの間に生まれた、風の神さま。古来、風は神さまが吐く息とされていたんだ。「勢いに乗る」「不要なものを祓う」として神格化されていった。風と同音の風邪を治す神さまとも。風邪を引きやすい人はぜひつながって。この神さまのエネルギーを取り込むには、換気をよくすることだよ。

また、シナは「息が長い」という意味があり、何かを長く継続したい、長い付き合いにしたいことがある人がつながるといいね。

古事記では志那都比古神《しなつひこのかみ》、日本書紀では級長津彦命《しなつひこのみこと》、神社の祭神としては志那都彦神《しなつひこのかみ》などとも書かれるよ。

農業に役立つ風を吹かせたり、台風や暴風を鎮めたり、「神風で日本を護る」とも言われるよ。

コトシロヌシ

（事代主神、言代主神）

「傲慢《ごうまん》にならず周囲との協力を強めると大きな利があります。今はワンマンではなくチーム力を高めると吉。」

ご利益
福徳
円満
商売繁盛

関連神社
島根県松江市 美保神社
徳島県阿波市 事代主神社

言葉を司り、ご神託を降ろす神さま。言葉を扱う職業の人がつながるといいよ。また、商売繁盛を願う時にもつながるといいね。

　オオクニヌシとカムヤタテヒメとの間に生まれたよ。タケミナカタの異母兄だね。えびすさまとも言われているんだ。葦原中国《あしはらのなかつくに》平定の時、タケミカヅチらがオオクニヌシに国譲りを迫ると、オオクニヌシは美保《みほ》ケ崎で漁をしている息子のコトシロヌシが答えると言ったんだ。そこでタケミカヅチが美保ケ崎へ行き、コトシロヌシと話すと、コトシロヌシは「承知した」と答えつつも、船を踏み傾け、天《あめ》の逆手《さかて》を打って青柴垣《あおふしがき》に変えて、その中に隠れてしまった。この天の逆手は一般に手を逆さに打つことだと考えられているよ。本来は釣りが好きなのんびり屋さん。

ヒトコトヌシ（一言主神）

「欲深くなくあれ。あれもこれもと願いを追うのではなく、たったひとつを願えば叶う時です。」

ご利益	関連神社
心願成就	茨城県常総市 一言主神社
厄難消除	奈良県御所《ごぜ》市 葛城一言主神社

無口な神さまでたったひと言のお願いであれば叶えてくれる神さまだよ。

古事記の下つ巻に登場する神さまだね。

雄略《ゆうりやく》天皇4年（460年）、雄略天皇が葛城山《かつらぎさん》へ鹿狩《しかが》りに行った時、紅紐《べにひも》の付いた青摺《あおずり》の衣を着た、天皇一行とまったく同じ格好の一行が、向かいの尾根を歩いているのを見つけたんだ。

雄略天皇が名を尋ねると「吾《あ》は悪事《まがこと》も一言《ひとこと》、善事《よごと》も一言、言い離《はな》つ神。葛城のヒトコトヌシの大神なり」と答えたそう。天皇は恐れ入って、弓や矢の他、官吏たちの着ている衣服を脱がさせてヒトコトヌシに差し出した。ヒトコトヌシはそれを受け取り、天皇の一行を見送ったそうだよ。

名前の類似からコトシロヌシと同一神とも言われているよ。

ヤマトタケル

（日本武尊、倭建命）

「〝実直〟を恥じずに生きよう。
ただ真っ直ぐに進むことで
道は拓けます。」

ご利益

- 出世開運
- 開運招福
- 国家安穏

関連神社

- 愛知県名古屋市熱田区
  熱田《あつた》神宮 相殿
- 東京都目黒区
  大鳥《おおとり》神社

出世開運を願う時はつながってね。

33歳という若さで亡くなったにもかかわらず、数々の功績を残した偉大なヒーローだよ。

16歳の時、九州の熊襲《くまそ》を平定するように命じられ、実行。休む間もなく、東征を命じられ、叔母であるヤマトヒメから、憧《あこが》れのスサノオが使用した草薙《くさなぎ》の剣《つるぎ》を渡される。

敵に欺《あざむ》かれ、草むらの中で四方から火を点《つ》けられ、窮地に陥ったヤマトタケルは、とっさの機転でヤマトヒメから授かった剣で草を薙ぎ払い、火打ち石で敵に向かって火を放ったんだ。炎は向きを変え、勢いよく敵に向かって燃え広がり、無事窮地を脱することができたんだよ。

この伝説が、現在の「焼津《やいづ》」という地名の由来になったと言われているよ。

「動け。
今、自分が抱いている
願いに対して止まっている
場合ではない。」

十二天将《じゅうにてんしょう》

ご利益

運気上昇

厄難消除

関連神社

京都府京都市上京区
晴明神社

陰陽道《おんみょうどう》に近しい人、運を上げたい人はつながってね。

十二天将は、陰陽師にとって必須の占術であった六壬神《りくじんしん》課《か》で使用する象徴体系のひとつ。

北極星を中心とし、星や星座を起源として、それぞれが陰陽《いんよう》五行説《ごぎょうせつ》に当てはまるんだ。

十二天将は十二神将と呼ばれることも多いけど、仏教の十二天、十二神将とはまったくの別物だよ。

六壬鑰《りくじんやく》などの六壬の古典では、「神」は六壬天地盤の天盤に配される十二支であり「将」は十二天将を指しているよ。そのため六壬神課における「神将」は、天盤十二支とそれに配布された十二天将の両方を同時に呼ぶ用語であって、十二天将を十二神将と呼ぶのは本来は正しくないんだ。

「欲に捉われず
心正しくあれば利あり。
逆を行けば災いあり。」

安《あ》倍《べの》晴《せい》明《めい》

ご利益

魔除《まよ》け

厄難消除

関連神社

京都府京都市上京区
晴明神社

魔を祓いたい時はつながってね。平安時代中期の天文学者、日本で最も優れた陰陽師とされているよ。

安倍保名《あべのやすな》が信太《しのだ》の森で怪我《けが》をした時、葛《くず》の葉《は》という女性が介抱をし、その後も葛の葉が保名を見舞っているうち、2人は恋仲となり、結婚して童子丸を授かるんだ。童子丸が長じて晴明となるよ。

幼い頃からいろんな分野で才能を発揮していた天才児。中でも天文暦学に秀でていたんだ。霊術を身につけていき、天文陰陽博士として第一線で活躍。星や雲の動きを観察しながら、護っている土地の状態の善《よ》し悪《あ》しをズバリと当てることから、朝廷からの信頼が厚かった。

凶事を見抜く力がずば抜けており、人々を護り、幸運に導くことに尽力した人物。85歳で亡くなったよ。

タキリビメ

（多紀理毘売命、田霧姫、田心姫）

「たとえ荒波に遭おうとも
恐れなくて大丈夫。
波はすぐに落ち着くわ。」

ご利益

海上安全

航海守護

関連神社

福岡県宗像市
宗像大社 沖津宮

栃木県日光市
日光二荒山《ふたらさん》神社

あなたがいる「場の安全」を見護ってくれている女神。
宗像《むなかた》三女神の1柱。諸説あるため、長女とも次女とも三女とも言われるが、長女とされることが多い。名前の「タキリ」は、海の上の「霧」「滾《たぎ》り（激流）の早瀬」を意味するともされる、海や水の女神と言われているよ。

島国の日本に敵が入ってこないよう、海全体を眺め続け国を護ってくれている責任感ある神さまで、その任務により独身とも言われているけど、古事記のオオクニヌシ系譜ではオオクニヌシと結婚し、2神を出産したとされているよ。「嫉妬深い」とも伝えられている女神だけど、しっかり者な分、それだけ気が強いだけで、とっても優しいお姉ちゃんだよ。宗像大社では、沖ノ島の沖津宮に祀られているんだけど、「神宿る島」として女性は入れないんだ。

タギツヒメ

（多岐都比売命、湍津姫）

「〝動かない〟という選択をする時です。
〝動ける〟時を待ちなさい。」

ご利益

海上安全

交通安全

関連神社

福岡県宗像市
宗像大社 中津宮

神奈川県藤沢市
江島《えのしま》神社 辺津宮

あなたが歩む道を守護してくれている女神。宗像《むなかた》三女神の1柱。

タギツヒメは浜辺で日本を護る神さまで、タギリビメが高い位置から海全体を見護り、島国である日本を外敵の侵入から防ぐ神さまなら、逆にこのタギツヒメは低い位置の浜辺から外敵が侵入してこないように厳重に護る女神。交通の安全も担っているよ。

これらの使命から、じっと浜辺を眺め、国を護っているために、あまり表に出てくる女神ではないけれど、何かあれば誰よりも先に身を挺《てい》して、平和に導いてくれる頼もしい神さま。フットワークが軽く、鼻歌が好き。

縁結び
お金
健康
スキル向上
開運
その他
龍神
眷属
開運のコツ

「その瞬間、その時間は
「過ごし方」で金にも鉛にもなる。
迷った時は一度止まり
無理に事を進めるな。」

サルタヒコ

（猿田毘古神、猿田彦命）

ご利益

交通安全

良縁結び

関連神社

三重県伊勢市
猿田彦神社

京都府京都市右京区
猿田彦神社

滋賀県高島市
白鬚《しらひげ》神社

人生を切り拓《ひら》きたい時、人生の歩み方、歩む方向性に悩んだ時などにつながるとよい神さまだよ。あなたが〝今〟いる場所から、進むべき道へ導いてくれるんだ。実際に道で迷子になった時も正しい道を教えてくれたりもする、道開きの神さま。

天孫降臨《てんそんこうりん》した僕が天《あめ》の八衢《やちまた》で立ち往生していた時に、国《くに》津神《つかみ》のサルタヒコが現れ、道案内したんだ。のちにアメノウズメと結婚するよ。

アイドル的存在のアメノウズメと結婚するも、漁で比良《ひら》夫《ふ》貝《がい》に手を挟まれ、あっけなく溺《おぼ》れ死んでしまうんだけど、たくさんの神、人々から信頼される「水先案内人」だよ。

鼻が大きく、天狗《てんぐ》そっくりだから、サルタヒコがいる神社は、天狗のモニュメントがある所も多いんだ。

住《すみ》吉《よし》三《さん》神《じん》

〝今〟ある小さな幸せに気付いていますか？　先を見過ぎて身の回りにある幸せを「価値が低い」とするのはやめましょう。

ご利益
海上安全
漁業、造船
貿易、和歌

関連神社
大阪府大阪市住吉区 住吉大社
福岡県久留米市 高良《こうら》大社

星や北斗七星の神さまだから、「スターになりたい人」は、つながるといいよ。住吉三神がいる神社は、芸能人も足しげく通っている所が多いんだ。

古事記では主に底筒《そこつつ》之《の》男命《おのみこと》、中筒《なかつつ》之《の》男命《おのみこと》、上筒《うわつつ》之《の》男命《おのみこと》、日本書紀では主に底筒男命《そこつつのおのみこと》、中筒男命《なかつつのおのみこと》、表筒男命《うわつつのおのみこと》と表記される3神の総称だよ。

イザナギは、黄泉《よみ》の国からイザナミを引き戻そうとするが果たせず、「筑紫《つくし》の日向《ひむか》の橘《たちばな》の小門《おど》の阿波岐原《あわきはら》」で、黄泉の国の汚穢《おわい》を洗い清める禊を行った。この時、瀬の深い所でソコツツノオが、瀬の流れの中間でナカツツノオが、水表でウワツツノオが、それぞれ生まれ出たとされているよ。

そのため、穢れ、祓い、厄除《やくよ》けに抜群。オリオン座の三つ星に由来されるとも言われる謎多きイケメン3兄弟。

「身体を動かし汗をかきなさい。
身体の内側にある毒素を
出すと思考もスッキリするぞ。」

ワタツミ

（綿津見神、海神）

縁結び
お金
健康
スキル向上
開運
その他
龍神
眷属
開運のコツ

ご利益

海上安全

漁業守護

関連神社

福岡県福岡市東区
志賀海《しかうみ》神社

千葉県銚子市
渡海《とかい》神社

海上安全、豊漁を願うだけでなく、自分のエネルギーの浄化を促したい人はつながるといいよ。

イザナギが黄泉《よみ》の国から帰って禊をした時に、ソコツワタツミ（底津綿津見神、底津少童命）、ナカツワタツミ（中津綿津見神、中津少童命）、ウワツワタツミ（上津綿津見神、表津少童命）の3神が生まれ、この3神を総称してワタツミと呼んでいるよ。

この3神はオオワタツミとは別神とも言われてるけど、同一ともとれるとされていて、諸説あるんだ。住吉三神《すみよしさんじん》と同じタイミングで生まれており、禊や祓いの力も強い。

また、その後にアマテラス、ツクヨミ、スサノオの三《みはしらの》貴子《うずのみこ》が生まれているよ。

「慈悲の過ぎたるは刻薄に劣る。
慈悲も過ぎると
相手の害となるため、
心配、お節介は止めなさい。」

徳《とく》川《がわ》家《いえ》康《やす》

ご利益	関連神社
国家安穏	栃木県日光市 日光東照宮
病気平癒	静岡県静岡市駿河区 久能山《くのうざん》東照宮

病気平癒を願ったり、自分を変えたい、リスタートを切りたい人がつながるといいよ。

戦国時代から安土桃山《あづちももやま》時代にかけての武将、戦国大名。

江戸幕府の初代征夷大将軍《せいいたいしょうぐん》。

幼い頃から人質生活を送っていたために、自分の命を護ってくれ、迷いが生じた時の考え方、在り方を指し示してくれる場所として、幼少期から神社仏閣に親しんでいたんだ。

特に、清見寺《せいけんじ》の和尚から教えを受けていて、19歳の時、桶狭間《おけはざま》の戦いで逃げた先の寺で聞いた「厭離穢土《おんりえど》　欣求《ごんぐ》浄土《じょうど》」という言葉に感銘を受け、平和な国を造ろうと決意し、燃やされた諏訪大社の再建をはじめ、神社の再建や経営に尽力し、子孫を見護るために、自ら神として祀られることを希望したんだ。

イワツチビコ（石土毘古神）
オオトヒワケ（大戸日別神）

今いる「場所」を大切に、
感謝をすること。
初心に戻り、謙虚さを改めて
持てると運気が上がります。

ご利益

建物守護

関連神社

愛媛県西条市
石鎚《いしづち》神社

高知県南国市
石土《いしつち》神社

あなたの家、あなたがいる「場所」を護ってくれる神さまだよ。2神とも建物の材料や構造を示した家宅六神《かたくろくしん》であり、神道における家宅を表す（または護る）6柱の神のうちの2柱。古事記に登場する神さまなんだ。

イワツチビコは家宅を司る神さまで、中でも家を作る際の「土」と「石」の神さま。イザナギとイザナミが国産みを終えた後に産んだ神さまでもあるよ。イワツチビコと一緒に生まれたイワスヒメと〝夫婦〟とも〝兄妹〟とも言われていて、イワスヒメは壁に使用される「石砂」とされるんだ。

オオトヒワケの「大戸」は家の出入口のことで、性別は不明。古事記伝ではオオナオビと混同された神であるともあるよ。神名考では、門の神のひとつであるとなっているね。

〝未来〟〝毎日〟は創れます。
今が辛くとも悲観せず、
創造を続けてください。

シラヒワケ（白日別）
トヨヒワケ（豊日別）

ご利益

国家安穏

関連神社

福岡県筑紫野市
筑紫《ちくし》神社

福岡県行橋市
豊日別宮《とよひわけぐう》

この2神は「土地」「土地に関わりがある人」を護ってくれているよ。古事記に記載のある神で、イザナギとイザナミによる国産み、島産みで生まれた、国土の神さま。大八嶋国《おおやしまのくに》であり、筑紫島《つくしのしま》の神。胴体がひとつで顔が4つあり、4つの顔のひとつが、シラヒワケで（筑紫国）現在の福岡県、トヨヒワケ（豊国《とよのくに》）が現在の大分県と福岡県の一部に該当するよ。4つの顔のうち、もう2つは、タケヒムカヒトヨクジヒネワケ、タケヒワケで、それぞれ、肥《ひの》国《くに》、熊曽国《くまそのくに》。およそ現在の佐賀県と長崎県と熊本県の一部、熊本県の一部と宮崎県と鹿児島県とされているよ。

シラヒワケはイタケルと見られることもあり、トヨヒワケはサルタヒコと見られることもあるよ（諸説あり）。いずれの神も〝太陽のような男性神〟と捉えられているね。

第2章

龍神からのメッセージ

龍は、宇宙や神さまの意識体と最も近しい精霊であり、地球や人間の意識体にも最も近しい精霊でもあるという、天地をつなぐ象徴的なエネルギー体。だから、天地両サイドからの意識をキャッチし、「流れ」を創るのが上手。龍神という存在も人間の眼には見えていなくても、話しかければ必ずあなたの言葉に応えてくれるので、何かヒントが欲しい時、サポートが欲しい時には「ねぇねぇ、何龍さん……」って話しかけてみてね。

月《つき》龍《りゅう》

〝今〟見えていないだけで焦る必要はない。今悩んでいるその種こそ〝幸運〟だ。

暗闇の中にいる時や、自分自身が暗闇の中にいるように感じる時にも、煌々《こうこう》とした光を注ぎ、歩む先を示してくれている龍。〝今〟眼の前が真っ暗に感じているモノがあったとしたら、月龍につながってヒントをもらうと吉。

　感情のアップダウンが激しい人や、落ち込みやすい人は、月龍にサポートしてもらうと、気持ちをフラットに保ちやすいよ。

陽《よう》龍《りゅう》

「あなたが注目の的となる時です。〝目立つ〟ことを拒否せず〝目立つ〟自分を許可してください。」

とても穏やかでありながら力強く世界を照らしてくれている龍。「ひりゅう」とも呼ぶ。人が笑っていることでこの龍は成長、拡大していくため、あなたが笑いたくても笑えない時や「面白いことがしたーい！」という時につながると、お腹を抱えて笑ってしまうような陽気な出来事を起こし、あなたを笑わせてくれるよ。

雷《らい》龍《りゅう》

今がリセットの時。
今ある「迷い」「疑い」を断ち、
リスタートを切れ。

物事をリセットしたい時につながるとよいのが雷龍。つながると変化のキッカケとなる、「立ち止まり」「方向転換」をすぐさま促してくれるよ。

電気が走るようなヒラメキがあったり、現象としても衝撃が起こりやすいけど動揺する必要はないよ〜。その後に面白い出来事が頻発するんだ。

風《ふう》龍《りゅう》

「私の背中に乗りなさい。
今までとはスピードが変わるから
振り落とされないでね。」

あなたの「毎日」に〝急速な変化を起こしたい時〟につながるとよい龍だよ。な～んかモヤモヤとして毎日がボヤッとしている時につながると、ビューッと風が吹くように今までの流れが吹き払われ、風に乗るがごとく毎日が急変するよ。のんびり変化したい人はつながらないでね（笑）。

水《みず》龍《りゅう》

あなたの中に洗い流さなければならないモノがあります。それを解決することが先決です。

穢れを洗い流し、清めてくれる龍。

あなたの中で最も整理しなければならないものは何かな？　静かに内観し、水龍に穢れを流してもらって。

あなたの「願い」が叶わないのは最も整理しなければならない「ソレ」を放置しているからです。

火《ひ》龍《りゅう》

「勝負事をするとよい時です。苦戦をしても必ず勝ちます。」

火も祓いのエネルギーが強いため、自分がモヤモヤしている時につながると陰気なエネルギーを燃やしてくれるので、心身ともにスッキリするよ。

また、闘志を燃やすなど、あなたが熱くなれる趣味やスポーツをする時にエネルギーを拡大してくれるので、何らかの「勝ちたいコト」がある人はサポートに入ってもらうと吉。

土《つち》龍《りゅう》

最近ブレていませんか？
まずは〝今〟グラウンディングをし、
意識を内側に戻しましょう。

グラウンディングをサポートしてくれる龍。

何となくフワフワ、フラフラしていて、優柔不断、飽きっぽいなど決断できない、何事も「何となく地に足が着いていないと感じる時」につながると、自分の意志や意識がハッキリするよ。

華《はな》龍《りゅう》

生活に色を入れましょう。
普段は手にしない〝色〟を
取り入れてみてね。

自分に華やかさがほしい時、恋愛を進ませたい時につながるとよい龍。「かりゅう」とも呼ぶ。

なんとなく気分が落ちやすい時につながると、色あざやかなエネルギーで気持ちを明るくしてくれるよ。

色とりどりの花を楽しむように、カラフルな食事を摂《と》ったりカラフルな洋服を着たり、心を弾ませて過ごそう。

九《く》頭《ず》龍《りゅう》

あなたの在り方次第で、あなたのコミュニティは想像以上に拡大していきます。

龍神の中でも極めてパワフル。時によって「悪」にも「善」にもなるけど、九頭龍自身を慕う人の開運には強力に導いてくれるよ。

物事を多面的に見るのに長けている龍なので、リーダーシップを発揮したい人は常につながっていてもらいたいな。

双《そう》龍《りゅう》

あなたを助けてくれる人が現れます。
その人は運命の人ですよ。

パートナーシップを整えたい方はつながってね。

自分ひとりでは解決できなかった物事や、なかなか進まなかった仕事などを助けてくれる人が現れるよ。

もちろん、恋愛、結婚などのパートナーシップの流れもよくなるようにサポートしてくれる龍なんだ。

虹《にじ》龍《りゅう》

あなたの創造性が高まっています。
なるべく意識を「陽気」に向けてください。

7色の光で変幻自在に現実を創ることが大好きな龍。なので、現実の創造性を速めたい時にはつながってほしい。

さっきまでの大雨が嘘だったかのように、すがすがしい晴天にかかる虹のように、まったく別の世界へ誘ってくれるよ。

白《はく》龍《りゅう》

覚悟を決めて進みなさい。
願いは必ず叶います。

いつもより大きな決断をする時や大きな流れに乗りたい時につながってほしい、龍神の中でも勇ましく雄大な龍。

あなたの覚悟が本物と白龍が判断した時には、自分が意図した以上の大きな流れに乗ることになるよ。白龍につながった時には、いつも以上に視野を広く持っていて。

金《きん》龍《りゅう》

収入面でワンランク上のステージに立つ時です。恐れずに受け取る準備を。

ズバリ金運、財運アップをしたい時につながるとよい龍。自分が収入を上げたい時には、つながってサポートをお願いしてみてね。

傲慢なお願いには耳を傾けないけど、そのお金があることで、誰かや世の中に明るい光が差す場合は、たくさんのお金を持ってきてくれるよ。

翡《ひ》翠《すい》龍《りゅう》

「身体を緩ませなさい。今は特に「思考」で行動しないことに注力してください。」

子どもに縁がある母性が強い龍。子どもを授かりたい、子どもとの仲、子どもの願いを叶えてあげたい時などにつながるといいよ。

また、癒《いや》しを授けてくれる龍でもあるので日々あるストレスから身体が疲れた時につながるとヒーリングを施《ほどこ》してくれるよ。

青《せい》龍《りゅう》

「流れに身を任せろ。流れに身を委《ゆだ》ねていれば心配はない。」

中国の神話、四神《ししん》にもある青龍は、春や東を司り、春生まれや東の方角に住む人に縁が深いんだ。また、龍の中でも冷静沈着。頭に血が上《のぼ》ってカッカしやすい時、冷静さが欲しい時にもつながるといいよ。

　ちなみに、青龍につながると、〝願いを叶えるために必要があって起きる現象〟は海の波のようにアップダウンが激しいので、流れにあらがわない方が吉。

紅《こう》龍《りゅう》

「普段なら臆してしまって出来ないことにチャレンジするとよい時だよ。」

「紅」「赤」という血液の色を持つ紅龍は、自分を興奮させたい時につながるといいよ。

勝負事、ここ一番のプレゼンの時など積極的なパフォーマンスが必要な時に喜んでサポートしてくれる。

また、色っぽさなどの性的魅力を見せたい時にもつながるといいよ。

黒《こく》龍《りゅう》

「不安に怯える必要はない。陰が極まり、陽に転ずる時はもうそろそろだ。」

四神《ししん》の玄武《げんぶ》と同じ立ち位置なため、冬生まれ、北の方角に住む方に縁が深いよ。陰気な「出来事」「感情」に飲まれそうな時こそつながってほしい。

陰があるから陽があり、闇があるから光が差す。その「出来事」は〝悪い〟「出来事」ではなく〝必要な〟「出来事」なんだと教えてくれる龍だよ。

紫《し》龍《りゅう》

「あなたを助けてくれる異性が登場するよ。恋愛に発展することもあるかも。」

赤と青という対極にある色の統合が成されている龍であるため、「和合」「融合」「結合」に長けているよ。

　そのため、「男女」「陰陽」「天地」など相反するものをつなぐ仕事をしている人は、サポートに入ってもらうとよし。

　また、異性との交流を増やしたい時にもサポートしてくれるよ。

黄《こう》龍《りゅう》

心を清らかに
金運や開運を願いなさい。
道が拓かれ幸せ来る。

金運アップを望む時にはつながるとよい龍だよ。ただ、欲に目をくらませるのはよくないので、自分の器や度を超して願いを伝えないこと。

人間の欲によっては転じて災いをもたらすこともある龍だから、心を正してつながってね。

純《じゅん》龍《りゅう》

人を癒してあげてください。
そうすることであなたも
「癒し」「喜び」に包まれます。

とにかく「純粋」「ピュア」で、無色透明の「癒し」に長けている龍。エネルギーが軽い龍なので、つながると森林浴をしているかのように自分の心身も軽くなるよ。素直になれない、ヤキモチを焼いてしまう、人や物事を信じきれない、相手を責めてしまうような時につながると精神が鎮まるよ。人を癒やす仕事をしている人にも格別のサポートをしてくれるよ。

第3章

眷《けん》属《ぞく》

もあなたの味方

「眷属」とは、〝神さまの使い〟とされていて、人間より天に近しいエネルギー体で、神さまからの伝言を届けてくれたり、そばにいて護ってくれるんだ。だから「最近よく見かける動物」とか、「神社に行って、たまたま目にした動物」「ピンとくる生き物」がいる場合、その眷属と近しい神さまに呼ばれていることが往々にしてあるよ。そんな時は、関連する神社に行ったり意識をつなげると、神さまが喜んでご利益があるよ。

龍《りゅう》

手水舎《ちょうずや》や拝殿など、神社の至る所にあることからもわかるように、神さまと龍は極めて近しい存在で「水のそば」に生息する眷属。

龍は「龍神」とは似て非なるモノなんだけど、成長発展した場合には「龍神」にも成り得るよ。龍使いと呼ばれる人もいるほど、龍と人間は近しく、龍は最も「天地」「神さまと人」をつなげる役割を担っているんだ。

狛《こま》犬《いぬ》

言わずと知れた神社の門番。「お喋《しゃべ》り」と「無口」のツインで門番をしているために、片方が口を開け片方は口を閉じている。

これは「円滑な人間関係を表す」ともされていて、互いに喋っても無口でも会話にならず、片方が喋るからこそ意思の疎通が取れ、片方が喋らないからこそぶつかることはなく〝生活〟〝仕事〟ができる象徴、とも言われているんだ。

関連神社

埼玉県秩父市
三峯神社

埼玉県秩父郡
両神《りょうかみ》神社

狼《おおかみ》

埼玉県秩父《ちちぶ》市にある三峯《みつみね》神社では、全国でも珍しい白い狼が神の使いとされていて憑《つ》き物を祓う「大口真《おおぐちのま》神《がみ》」としても崇拝されているよ。

また、「御眷属拝借」を受けると1年間この狼さんを自宅に連れて帰ってくることができる。毎月1日と19日にはお供え物をして、日々の守護にお礼を伝えると、さらに喜んで〝願い〟に導いてくれるよ。

関連神社

京都府京都市伏見区
伏見稲荷大社《ふしみいなり》

全国各地の
稲荷神社　稲荷社

狐《きつね》

〝お稲荷《いなり》さん〟＝狐《きつね》さん、と勘違いしている人が多いけど、〝お稲荷さん〟＝女神だよ。お稲荷さんの眷属が狐であるゆえんは諸説あるけど、お稲荷さんは「食物の女神（御饌津神《みけつかみ》）」であるため、その「みけつ」が「御狐《おけつね》」「三狐《みきつね》」に転じた説や、茶枳尼天《だきにてん》が狐に跨《またが》っているからとも言われるけど、お稲荷さんと茶枳尼天《だきにてん》は本来別物だよ。

関連神社

福井県越前市
杉崎《すぎさき》神社

滋賀県大津市
三尾神社

兎《うさぎ》

兎といえば「因幡《いなば》の白兎」でのオオクニヌシとの話が有名だよね。なので、オオクニヌシ、オオナムチ（オオクニヌシの若い頃の名）が祀られている神社には兎さんの像も置かれていることが多いんだ。他には、滋賀県にある三尾《みお》神社のように、三尾明神が卯《う》の年、卯の月、卯の日、卯の刻、卯の方角から出現されたことから、眷属は兎とされている神社もあるよ。

鶏《にわとり》

関連神社

三重県伊勢市
伊勢神宮

古事記と日本書紀には、アマテラスが天《あま》の岩戸《いわと》に隠れてしまった時、神々の指揮官オモイカネの案で「常《とこ》世《よ》の長鳴鳥《ながなきどり》」を並ばせ一斉に鳴かせ、見事アマテラスを岩戸の外に出せた、とあるんだ。

そのことから鶏は太陽を呼び寄せる神使いとされていて、太陽神であるアマテラスが祀られる伊勢神宮で走り回ってるんだよ。

関連神社

奈良県宇陀《うだ》市
八咫烏神社

和歌山県田辺市
熊野本宮《くまのほんぐう》大社

八咫烏《やたがらす》

三本足の姿が印象的な烏さん。

神武《じんむ》東征の時に、タカミムスビが命を出し、神武天皇を熊野国《くまののくに》から大和国《やまとのくに》を案内した導きの烏さんだよ。

また、スサノオのお使いともされている。諸説あるけど、「八咫」は〝大きい〟という意味で144センチあった烏とも言われてるんだ（咫《あた》が中国の周《しゅう》の長さの単位で約18センチとされていたため）。

関連神社　全国の八幡神社

鳩《はと》

応神《おうじん》天皇（誉田別命《ほんだわけのみこと》）が国内を平定する時に、水先人となったのが鳩だったと言われているよ。それ以降、鳩は〝八幡《はちまん》神の使い〟とされているんだ。宇佐《うさ》八幡宮《はちまんぐう》（大分県）から石清水《いわしみず》八幡宮（京都府）へ応神天皇（八幡様）を勧請《かんじょう》する際に白い鳩が道案内をしたという話も。詳細な出典は不明。

愛情、平和、調和の意識が高く、時にロマンチックな助言もくれる神使いだよ。

関連神社

東京都足立区
大鷲《おおとり》神社

茨城県那珂市
鷲《わし》神社

鷲《わし》

「大鳥《おおとり》による稲穂飛来伝説」にもあるように稲穂は大鳥（鷲）が天から授かってきたという話があるんだよ。

だから、アメノホヒやその子であるアメノヒナトリに縁が深いとされている眷属だよ。

アメノホヒはアマテラスとスサノオの誓約の際に生まれた神さまで、農業の神さまなんだ。

関連神社
栃木県河内郡
白鷺神社

鷺《さぎ》

かの有名な「ヤマトタケルの白鳥伝説」。

　ヤマトタケルは東国征討の帰りに、大和《やまと》を目前にして三重《みえ》の能煩野《のぼの》で亡くなった。その魂が白鳥になって飛び立ったとされているんだけど、その〝白鳥〟っていうのは、白鷺《しらさぎ》を指しているんだ。

　だから鷺はヤマトタケルに最も近しい神使いだよ。

関連神社

福岡県太宰府《だざいふ》市
太宰府天満宮

福島県福島市
高畑天満宮

鷽《うそ》

鷽は菅原道真《すがわらのみちざね》と縁が深いとされているよ。諸説あるけど、道真が蜂《はち》に襲われた時に鷽が蜂を食べて救った説や、天満宮《てんまんぐう》の建築材を虫が食べてしまった時に鷽が虫を食べて追い払った説もあるんだ。

　だから菅原道真が祀られる神社（天満社）では「鷽替え神事」という独特の神事もあるんだよ。

鰻《うなぎ》

関連神社

京都府京都市東山区
三嶋《みしま》神社（うなぎ神社）

水蛇の代表とされる鰻さん。

京都市東山区には全国でも珍しい「うなぎ神社」があり、鰻を扱う業者から信仰されているんだ。

また、鰻はこの神社のご祭神でもあるオオヤマツミの神使いと言われていて、安産、子授けを願う人をサポートしてくれる存在なんだ。

関連神社

岩手県紫波郡
蜂神社

栃木県日光市
日光二荒山神社

蜂《はち》

源《みなもとの》　義家《よしいえ》が蜂の巣を夜間に袋に詰め、敵陣営に投げ込み勝利を収めたことから岩手県の紫波町《しわちょう》には蜂が祀られている神社があるよ。
　また、日本書紀皇極《こうぎょく》2年（643年）の条で「養蜂」「オオモノヌシ」に触れてあることから、〝オオモノヌシとも縁がある使い〟という見方もあるんだ。

関連神社

京都府京都市上京区
護王《ごおう》神社

滋賀県蒲生《がもう》郡
馬見岡綿向《うまみおかわたむき》神社

猪《いのしし》

和気《わけの》清麻呂《きよまろ》が追っ手から逃げる際に300頭の猪に助けられたことから、和気清麻呂につながりのある神社は猪の石像が見られるよ。

和気清麻呂が祀られている有名な京都府の護王神社には〝狛犬〟ならぬ〝狛猪〟がいるんだよ。そのため「いのしし神社」と呼ばれることもあるんだ。

また、滋賀県にある綿向《わたむき》山《やま》の綿向大神の使いも猪とされているね。

関連神社

京都府京都市西京区
松尾大社

兵庫県淡路市
伊弉諾《いざなぎ》神宮

亀《かめ》

亀といえば松尾《まつのお》大社。境内には「亀の井」という霊泉があり、それを利用するとお酒が腐らないとされているため酒造関係者から崇拝されているよ。

また、松尾の神さまが緩やかな流れに乗る際には亀、急流に乗る際には鯉《こい》の背中に乗ったことから、松尾大社では亀と鯉がともに神使いとされているんだ。亀さんは不老長寿を主にサポートしてくれる眷属さんだよ。

猫《ねこ》

関連神社

東京都台東区
今戸《いまど》神社

栃木県日光市
日光東照宮

「招き猫」は福を招くこと、「眠り猫」は平和を象徴するとされているよ。かの有名な日光東照宮《にっこうとうしょうぐう》の「眠り猫」は、実は真裏に雀があって「猫が起きていたら食べられてしまうけど、猫が寝ていられるほどに平和だから共存ができる」という意味もあるんだよ。

のんびり日向《ひなた》ぼっこをしている猫さんたちってのは、世の中の平和を願う〝神さまたちの願い〟の象徴なんだ。

関連神社

栃木県日光市
日光東照宮

京都府京都市左京区
鞍馬寺

虎《とら》

虎は、「寅《とら》年」「寅日」「寅刻」といった〝時〟にちなんだ神使いとされていることが多いよ。

例えば、日光東照宮《にっこうとうしょうぐう》は祀られている家康公の干支《えと》が「壬寅《みずのえとら》」だったから虎を神使いと見るともされるし、日本で最初に毘沙門天《びしゃもんてん》が姿を現した信貴山《しぎさん》朝護《ちょうご》孫子寺《そんしじ》や鞍馬寺《くらまでら》でも「寅年・寅日・寅刻に助けられた」とあるから、毘沙門天の使いとも言われているよ。

蛙《かえる》

関連神社

東京都品川区
品川《しながわ》神社

岐阜県安八《あんぱち》郡
日吉《ひよし》神社

日本全国、たくさんの神社で蛙の石像は見られるけどその由緒は様々。

「かえる」という響きから〝あらゆるものが無事に返る〟〝あらゆるものが無事に帰る〟意味で縁起がよいとされる蛙なんだけど、神社の池などにたくさん生息する縁から、その神社の眷属と見られることも多いんだ。

関連神社

愛媛県西条市
石鎚《いしづち》神社

長野県長野市
戸隠《とがくし》神社

天狗《てんぐ》

天狗さんは物凄《ものすご》くたくさんの説があるので、自分が一番しっくり来るもので覚えておいてあげてほしいんだけど、天狗さんを「神」と見たり、「烏《からす》天狗」「木の葉天狗」ともされているよ。

いずれにせよ、縁が深いのは修験道《しゅげんどう》や山岳信仰のある地だよ。「陰」や「魔」を剣で断ったり、団扇《うちわ》で祓うのが得意なんだ。

関連神社

島根県出雲市
出雲大社

京都府京都市左京区
大豊《おおとよ》神社

鼠《ねずみ》

諸説あるんだけど、「オオクニヌシの使い」と言われるようになった理由は、スセリビメとの結婚を許してほしいオオクニヌシに、スセリビメの父スサノオは数多《あまた》の試練を与えたこと。

その時の試練のひとつで、「鳴鏑《なりかぶら》の矢を拾って帰ってくる」時に鼠がオオクニヌシを助けたことが縁とされているよ。

縁結び
お金
健康
スキル向上
開運
その他
龍神
眷属
開運のコツ

関連神社

東京都墨田区
牛島神社《うしじま》

京都府京都市上京区
北野天満宮《きたのてんまんぐう》

牛《うし》

牛は、スサノオや菅原《すがわらの》道真《みちざね》の神使いとして見られることが多いよ。

「牛頭天王《ごずてんのう》」がスサノオと同一神とされるようになったからと言われたり、道真の誕生日と没した日が「丑《うし》の日」だったから、また、道真が白牛に救われたことからとても大切に思っていたからだ、などと言われているよ。

関連神社

静岡県富士宮市
富士山本宮浅間大社

滋賀県高島市
白鬚《しらひげ》神社

猿《さる》

猿は、オオヤマツミ、オオヤマクイ、コノハナサクヤビメ、サルタヒコ、アメノウズメの神使いとして有名だよ。

　富士山、浅間《せんげん》神社、比叡《ひえい》山《ざん》に「申《さる》」や「猿」が結びついていたり、サルタヒコは名前や容姿から「猿」と縁が深かったから、とされているよ。

関連神社

奈良県桜井市
大神神社《おおみわ》

栃木県真岡市
白蛇弁財天神社《はくじゃべんざいてん》

蛇《へび》

蛇も様々な神さまのお使いをしているよ。中でも有名なのはオオモノヌシが顕現される形のひとつが蛇とされていたり、弁天・弁財天（イチキシマヒメ）のお使いとされていることかな。

福徳や金運を上げてくれる眷属さんだよ。

関連神社

兵庫県西宮市
西宮神社

東京都大田区
北野神社

馬《うま》

古来から馬は「神さまの乗り物」とされていたんだ。だから、お祭りの時など「馬を奉納する」という風習があって、各神社によってその意味合いは変わってくるんだけど、例えば八幡《はちまん》神社なら武運や開運祈願のために奉納し、恵比寿《えびす》神社なら商売繁盛の祈願のために奉納していたとされているなど、様々な神さまとつながりがあるのが馬なんだ。

関連神社

茨城県鹿嶋市
鹿島神宮

広島県廿日市市
厳島《いつくしま》神社

鹿《しか》

鹿島《かしま》神宮の祭神であるタケミカヅチに「香取《かとり》神宮の祭神であるフツヌシとともに、出雲の国を譲るようオオクニヌシに話をしてきなさい」とアマテラスからの命を伝えたのが、アメノカグノカミという鹿の神だったとも言われたり、タケミカヅチが鹿に乗っていたという話から、タケミカヅチに縁があるとされているよ。

また、安芸《あき》の宮島の神使いも鹿さんだよ。

第4章

開運のコツ

この章では「開運のコツ」をお話しするね。神さまがいる神社では、神さまに敬意を表すためのマナーがあるよ。また神さまにかわいがられる人の特徴や、神さまとつながるための方法などもお話ししていくね。神さまに対して、ちゃんとしなくちゃとか、硬くなる必要はまったくない。神さまは偉大だけど同時に寛容な存在。あなた自身が心地よく軽いエネルギー（気分）でいることが大切だから、気楽に実践してね。

その1

神さまにご贔屓される神社参拝

「鳥居の前で一礼をする」
「参道の真ん中は歩かない」
「神社は感謝をするところだから、お願いはしない」

など、神社参拝に関するマナーは諸説あります。私自身は、神職さんや神道系の先生たちから伺った話を参考にして参拝しています（ここからはニニギからバトンタッチして著者である私からお話しします）。

でも、絶対の正解はないので、みなさんがピンときた話を採用してくださいね。ガッチガチにやる必要はありません。知識として知っておいてください。

また、「ちゃんと手順を踏んだ方がお願いを聞いてもらえるのでは」という気持ちになってしまうのではなくて、純粋にご挨拶に行く気持ちが大切です。形式よりも「気持ち」が大切です。

1

鳥居、参道

神社では参道の中央を「正中《せいちゅう》」と呼び、神さまの通り道であると考えます。ですから、参道の中央を避けて進み、神さまへの敬意を表します。

参道の中央を横切る際に、軽く頭を下げながら通ったり、中央で神前に向き直って一礼してから横切るという敬意の表し方もあります。

神道では、「左」が神を表すとされ、左を意識することで、神さまに意識を合わせる意味があります。

そのため、神社では「左」がポイントになります。

古事記では、イザナギの「左目」を洗って生まれた神がアマテラス、日本書紀では、イザナギが「左回り」をしたら日本が生まれたなどの話があることからも「左」の重要性がわかります。

❶脱帽する。サングラスも基本はダメ。

▼

❷一礼してから鳥居をくぐる（帰りは鳥居を出たら一礼）。

出来れば左に立ち、左足から入るといいです。しかし、団体で行ったり、それが難しい場合もあると思いますので、絶対ではありません。

▼

❸参道もなるべく左側を歩く。参道の真ん中「正中」は神さまの通り道。

※ただ、伊勢神宮の内宮に限っては、右になります。外宮は左になります。

2

手水舎《ちょうずや》

参道の途中にある手水舎（ちょうずや、ちょうずしゃ、てみずや、てみずしゃなど、様々な呼び名があります）では、手や口を清めて参拝の準備をします。心身の穢れを取り除く禊の習慣を簡略化したもので、「手水をとる」と言います。

神道では、「禊」「祓い」がとても重要な意味を持ちます。手水をとるのは、俗界にいる私たちが、神さまの神域に入る前に、穢れや邪気を祓うために行います。

もともと手水舎がなかったり、節水のために、水が止まっている手水舎も多くありますが、そうした場合は、手を軽くパンパンとはたくのでも大丈夫です。

❶柄杓《ひしゃく》を右手で持ち、水を汲み、
左手をすすぎます。

▼

❷柄杓を左手に持ち替えて、
右手をすすぎます。

▼

❸柄杓を再度右手に持ち替えて、
左手に水を注ぎ、
口をすすぎます。

▼

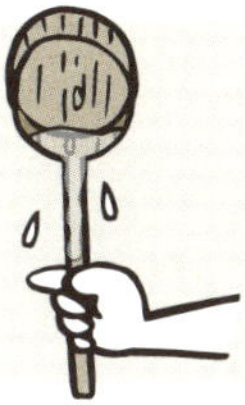

❹最後に柄杓を縦にして、
柄杓の柄を水で洗い流し、
柄杓を元の場所に戻します。

※柄杓は自分の身体にあまり触れさせないことがコツです。

3 拝礼

拝殿での参拝は、「二拝二拍手一拝」が基本です。

柏手《かしわで》は、神さまを招き、素手であることを知らせ、やましい想いがないことを証明するとも言われています。

意外と知られていないのが、柏手を打つ時、右手を少し下にずらして打つことです。右手が下なのは、前述したように、左が「神」「優位」「陽」、右が「人」「下位」「陰」を表すと言われているからです。柏手の後に、指先を合わせて祈ることで神さまと一体となり、力を借りられるとされています。

お祈りは、「お願い」というより、日頃の感謝や決意を伝える機会です。「○○のために私の身体を使ってください」「○○のためにこのお金（お賽銭《さいせん》）を使ってください」「私の仕事が世の中のためになるのであれば、拡大させ、私の身体を使っていただきたいです」といったような言い回しが望ましいです。自分の欲から言うのではなく、願いが叶うことで世の中に有益であれば叶う、という仕組みです。

できれば、「いつも心配してくれて、いつも力を貸してくれて本当にありがとう」「私は元気だよ～。次は○○をがんばるからね～」「また来るからね～」といったような、お世話になった学校の先生に会いに行くとか、田舎のおじいちゃんやおばあちゃんに会いに行く気持ちだと喜ばれます。

とはいえ、言いたいことは普通に何を言っても大丈夫。神さまは偉大なのでそんなに心が狭い存在ではありません（笑）。ただ、それですべてを叶えてくれるとは思わないでくださいね。

参拝中、祀られている鏡が見える状態であれば、正面を向いている時は鏡をしっかり見るようにします。なお、拝殿におしりを向けないようにします。拝殿を背景に写真を撮りたい時は、少し斜めから撮るといいでしょう。

縁結び
お金
健康
スキル向上
開運
その他
龍神
眷属
開運のコツ

❶軽く一礼する。

▼

❷邪気を祓うために
鈴を鳴らす。

▼

❸お賽銭を入れる。
出来れば投げずに
静かに入れる。

▼

❹2回お辞儀をして、
神さまに敬意を表す。

❺右手を少し下にずらし、
2拍手する。

▼

❻ずらした指先を合わせ、
ご挨拶し、祈る。
住所、名前、感謝と
お願い事を伝える。

▼

❼最後に一礼。

▼

❽右足から後ろ左斜めに
3歩ほど下がって回転し、
拝殿を後にする。

4

おみくじの引き方

もともとは、国の政治や後継者を選ぶ時に神の意思を問うため、籤引《くじび》きをしていて、それが「神籤《みくじ》」の起原になったと言われています。

多くの人が忘れがちなのが、おみくじは〝質問〟してから引くことです。質問は具体的にします。

例えば、

「○○を始めようと考えています。その際に気をつけた方がいいことはありますか?」

と聞いて、それに該当する項目を見ます。全文を読むというよりは、自分が気になる箇所を読みます。大吉だからいい、凶だから悪い、ではありません。

おみくじをご神木にくくった方がいいのか、持ち帰ってもいいのか、という質問もよく聞かれますが、どちらでも構いません。後日、処分したい時は、古札納所《こさつのうしょ》へお返しするか、お正月のお焚《た》き上《あ》げに持って行きましょう。

5 Q&A

Q1 派手なネイルや服装はどうなの？

私自身、ネイルやファッションが好きなので、様々な神社の宮司さんたちに伺ったら、「気持ちの問題」とおっしゃっていました。自分のエネルギーが上がる格好がいいと思います。

Q2　忌中の参拝は？

控えましょう。神道では「死は穢れ」と捉えます。以下、神社参拝を控える期間の目安です。

父・母・夫・妻・子…50日
祖父・祖母・孫・兄・弟・姉・妹…30日
曽祖父・曽祖母・おじ・おば・甥・姪…10日
その他親戚…3日

Q3　生理中の参拝はNG？

生理中に参拝をしてもいいのか、というのもよく聞かれる質問です。昔は、女性は生理があるから穢れた存在である、などと言ったようですから、みなさん、気になるのでしょう。これについても諸説様々で、神社について書かれた本でも、色々言われているようです。

私が神職さんにお話を伺ったり、自分でも実感することは、神さまは偉大な存在なので、そんなことは気にしない、です（笑）。むしろ、生理という身体がしんどい時にまで、自分に会いに来てくれる人を、邪険にするはずがなく、純粋に嬉しいでしょう。

ただ神さまたちもあなたの体調を気にかけているので、「気」を枯らしてまで（無理をしてまで）参拝はしないこと。本当に身体がつらい時は、無理をせず、ゆっくり休みましょう。自分の身体の声、心の声に耳を傾けて、自分を大切にすることが何よりの「開運のコツ」だからです。

その2

神さまにかわいがられる在り方

みなさん、神さまに好かれて、開運したい！　と思ってらっしゃるかもしれません。すごく気持ちはわかりますし、日本の神さまはとても人間くさいので、ぶっちゃけ、ご贔屓しますす（笑）。ここでは、どんな人が神さまにかわいがられるのか、お話ししていきたいと思います。

神さまが特にかわいがる人は、

「ただただ存在を信じてくれたり、ただただ〝好き〟でいてくれる人」

です。

自分がされて嬉しい扱いは、神さまも同じで嬉しいのです。「自分がされて嬉しいかどうか」、これは大切な基準です。

特に、「見返りを求めない」のは重要です。世の中の成功者、著名人で、神社にご挨拶される人は多いですが（私がお話を伺っただけでも、オリンピック選手、プロスポーツ選手、芸能人、経営者、作家の方たちなどが神社に通われています）、あくまでも「ご挨拶」で、「すがって」はいません。

そりゃ、人間なので、「欲」や「下心」を持つのは致し方ないでしょう。でも神さまは、「自分の努力ありき」「自分の行動ありき」で、わきまえている人のことが好きです。

これは、言葉ではなく、「気持ち」や「エネルギー」の問題で、どんなに綺麗な言葉で伝えていても、「気持ち」や「エネルギー」が〝重い〟〝追っている〟場合、結果は微妙です。

そして、神さまがかわいがる人は、「自分」や「自分の未来」を諦めていない人。つまり、「今」ある時間や命を大切に扱っている人が好きなんです。自分の軸をしっかり持って、今の自分を大切に生きている人のことですね。

〝重い〟〝追っている〟人は、気持ちやエネルギーが過去や未来にとらわれていて、「今」にいません。神さまは神頼みとか、依存が嫌いなんですね。

だから、神さまにかわいがられるには、「今」を楽しみ、自分に〝安心〟を与えることです。でもそんな人って、神さまにかわいがられるまでもなく、自分で未来を切り拓いていけそうですよね。

そして、神さまは「わざわざご挨拶に来てくれた人」のこともとてもかわいがります。あなたは、遠くからわざわざ会いにきてくれる人のことを嫌いになれますか？　それと同じことです。

鎮守《ちんじゅ》さんや氏神《うじがみ》さんといった近くの神社を訪れることはもちろんですが、ピン！ときた遠くの神社にもぜひ足を運んでみてください。

その3
神さまとのつながり方

私は生まれつき、スピリチュアルな存在が「視える」「聞こえる」「話せる」のですが、この本を手に取ってくれているみなさんはもちろん、「神社」「神さま」「天」「宇宙」が、〝好き〟〝嫌いじゃない〟〝気になる〟〝ある気がする〟と感じているわけで、その時点ですでに神さまとつながっています。

明確に「視えない」「話せない」「聞こえない」から、自分に確信がないだけです。神さまの存在の感じ方は十人十色です。自分の感覚を信じてください。

具体的にどうしたらいいかと言うと、

❶足を地面や床にしっかりと着け、深呼吸し、グラウンディングします。

❷ハイヤーセルフ、ハイヤーマインド、宇宙、神さま、天……など、自分が好きな名前で呼びかけ、「○○とつながります」と意図します。

❸聞きたいこと、言いたいことをそのまま伝えてください。人間と話すのとまったく一緒です。

実は、神さまとは、つながった「後」が大切です。

ずばり!! 行動に移すことが一番大切なのです。ふと思ったり、ピン! ときたり、同じ数字を連続して見かけたり、同じ言葉を何度も聞いたり、不思議な体験をしたり……。神さまは様々な「ヒント」「答え」を出して導いてくれています。

それを気のせいとせず、意味不明でも「行動に移す」と、願いが〝叶う〟んじゃなくて、願いが〝叶っちゃった〟になります。

例えば私の場合、ピン！ときて好きでもなかった神社に通ってたら、こうして本を出すことに〝なっちゃった〟んです。

おわりに

ここまでお読みいただき、本当にありがとうございました。

今回紹介しきれなかった神さまや神社、龍神やご眷属は他にもたくさんありますが、紹介されているもの、されていないもの問わず、ぜひ、ピン！ときた神社に足を運び、神さまたちと一緒に願いを叶えてみてくださいね。

ただ、この本は「神頼み」を推奨するものではないということだけは、知っておいていただきたいです。

「神さまにつながるだけで何もしないでいい」わけでもないし、「神社に行って願いを叶えてもらおうという意識で神社に行ってもらいたい」わけでもないです。むしろその意識に在る時には、愛を持ってブッた切られるので悪《あ》しからず……（汗）。

私たち人間は、「願ったら、その願いに必要な行動をすること」が大切。

「神さまに頼むだけで自分は何もしない、待つだけの人」で神さまからかわいがられている人は見た事がないです。

なので、神社で願ったら、「ねぇねぇ◯◯さん（神さま・龍神・眷属の名前）、願いを叶えるために何をしたらいいかな？」と聞いてみてください。

すると、〝直感〟で答えをくれたり、雑誌やテレビで情報をくれたり、人の会話を通して回答をくれるので、アンテナを高くして過ごしてください。

その瞬間には、まったく意味不明で無意味に感じる回答であったとしても、すぐに「行動」「実行」してみると、気がついたら猛スピードであなたの願いは叶っていきますよ～。

神さまたちの願いは、リメンバーミー。私たちを思い出して。私たちを覚えていて。〝今〟日本の神さまや全国各地の神社が置かれている現状（小さい神社ほど経営は厳しいです）を知り、神さまが過ごしている神社へひとりでも多くの方が足を運んでくださることを願っています。

神さまの願いである、〝リメンバーミー〟をあなたが叶えることで、あなたの願いが、叶いますように。

Special Thanks（あいうえお順、敬称略）

ARISA & ASUKA
家澤 香奈
飯島 奈津江
板垣 律子 with 天才ファミリー
大和田 哲也
尾形 良子
古賀 孝典 with 大仏ファミリー
こじこじ
佐藤 はる子
佐守 あゆみ
清水 久美子
竹内 綾恵美
田村 紀子
千切 恵
塚田 敦子
寺井 昌美（郡山観光交通株式会社）
南郷 純子
二ノ宮 悠季
乃愛 りき
野々原 かこ
長谷川 いっこ
林 知佐
日高 佳子
藤田 猛也
藤乃 美有
星野 麻里
堀 可奈
松本 綾
宮田 安希
守家 火奈子
裕璃果

最後に、この本の編集を担当してくださった彩乃さんへ、一番のお礼を伝えたいです。本当に本当に、ありがとうございました。

今まで好きでもなかった（笑）神社や日本の神さまに、少しずつ興味を持ってくださり、好きになってくれている彩乃さんが見れたこと、本当に嬉しかったです。

私も神さまも、この本の製作を通して、彩乃さんと友人になれたことが何より嬉しいです。

彩乃さん、大好き♡　ありがとう♡

（神さま代表 パピー、サクヤさん、イチキさん with 純子）

[著者プロフィール]
吉岡純子（Junko Yoshioka）
スピリチュアル・コンサルタント

生まれつき、神さまなどの目に見えない存在が「視える」「聞こえる」「話せる」能力を持つ、日本の神さまや神社が大好きなスピリチュアル・コンサルタント。

カウンセラーとして個人起業してから、4か月目には売上100万円達成、7か月目には売上240万円達成と売上はずっと右肩上がりで起業初年度の年商は3000万円。

集客が苦手なカウンセラー、ヒーラー、セラピストの方々から「純ちゃんのように売れるにはどうしたらいいのか？」「純ちゃんにコンサルをしてほしい」と言われつづけ、コンサル技術を学ぶ。

起業2年目からは「カウンセラー」から「コンサルタント」と肩書きを変え、月商2500万円を売り上げ、多数のクライアントが、月商50万円、100万円、300万円を超える売れっ子起業家に育っている。

「宇宙の法則」を駆使しながら、「地球のルール」に則って生きているからこその結果と自己分析をしている。


こうした結果から、個人起業家としては、順風満帆、羨ましいと常に言われつづけてきたが、起業までの人生は苦労つづき、波瀾万丈で、何度生きることを諦めようとしたかわからない。


小学3年生の時に男性から性的暴行を受け、その後、摂食障害、うつを経験、20歳前後まで入退院を繰り返した。

こうした経験から心理学やカウンセリングを学びだす一方、医療機器メーカーの営業として働きはじめる。

しかし、20代半ば過ぎで大きな交通事故に遭い、数年後には、ハードワークがたたって、出張の新幹線の中で心臓病を発症。余命宣告を受けるほどに。なお、発症の際にはかなり不思議な臨死体験をしており、後日学びを深めるきっかけとなった。


もうこんな不幸な人生が嫌で、医療機器メーカーを退職してから本格的に心理学、量子力学、スピリチュアル、医学などを学び、各種資格、ワークを取得。

過去の自分のように、何らかの理由で毎日を笑顔で過ごせていない方が「毎日楽しいな」「生きるっていいもんだな」と感じていただけるお手伝いがしたくて現在の仕事に取り組んでいる。


また、もともとご縁の深いスピリチュアルな存在が、日本の神さまであることから、日本全国の神社を巡ることをライフワークとしている。特に現在は、東日本大震災で被災した神社の復興を掲げ、現地の神社関係者の方々と連携し、被災した神社や地域のために支援活動を行っている。

〈公式ブログ〉
スピリチュアル好き個人起業家で「集客」にお困りのあなたへ
http://ameblo.jp/jun-consultant

ブックデザイン／山田知子（chichols）
イラスト／横田貴子（スタジオポウ）
本文DTP／山口良二

ご縁がつながり運がひらける 日本の神さま大全

2018年8月21日　初版発行
2018年9月25日　3刷発行

著　者　吉岡純子
発行者　太田　宏
発行所　フォレスト出版株式会社
〒162-0824　東京都新宿区揚場町2-18　白宝ビル5F
電話　03-5229-5750（営業）
03-5229-5757（編集）
URL　http://www.forestpub.co.jp

印刷・製本　日経印刷株式会社

ISBN978-4-89451-992-3　Printed in Japan

今すぐ手に入る！

『ご縁がつながり運がひらける 日本の神さま大全』

読者無料プレゼント

動画ファイル 見るだけで神さまとつながるエネルギーワーク

生まれつき、神さまが「視える」「聞こえる」「話せる」著者による、あなたが“神さまとつながるためのエネルギーワーク”を動画でお送りします！

この動画を見るだけで、あなたは神さまとのご縁が結ばれ、願いや望みの現実化が加速するでしょう。

また、願いが叶いやすい在り方や意識の置き方についても丁寧にお話しします。

あなたの幸せが拡大することで、世の中にハッピーが広がっていくことを願っています。

※動画ファイルは、ホームページ上で公開するものであり、冊子などをお送りするものではありません
※上記無料プレゼントのご提供は予告なく終了となる場合がございます。あらかじめご了承ください

この無料プレゼントを入手するにはコチラへアクセスしてください

http://frstp.jp/kamisama